# Steuerrecht kompakt

## Eine Einführung mit Tipps

Vera de Hesselle

C.H.BECK

# So nutzen Sie dieses Buch

Die folgenden Elemente erleichtern Ihnen die Orientierung im Buch:

## Beispiele und Übungen

*In diesem Buch finden Sie zahlreiche Beispiele, die die geschilderten Sachverhalte veranschaulichen, sowie Übungen, die Ihnen helfen, Ihr Konfliktverhalten zu optimieren.*

## Definitionen

*Hier werden Begriffe erläutert.*

> **Tipp/Hinweis:**
>
> Hier finden Sie zahlreiche Tipps und Hinweise.

## Checkliste

✓ Die Listen fassen wichtige Punkte für Sie zusammen.

 Die Merkkästen enthalten Empfehlungen und hilfreiche Tipps.

> **Auf den Punkt gebracht**
>
> Hier finden Sie eine kurze Zusammenfassung des behandelten Themas.

# Inhalt

# Einführung

Deutsches Steuerrecht ist komplex? Ja – aber dennoch für Laien verständlich? Ja!

Dieses Buch zeigt die Strukturen auf, es schärft den Blick für das System. Es kann nicht vertieft auf alle Einzelheiten eingehen, aber es kann Ihnen Durchblick durch den Sinn und Unsinn des Systems verschaffen – und vor allem eins: Sie können sich mit dem Wissen der Lektüre schon auf die Rückzahlung nach der nächsten Steuererklärung freuen. Besser das System verstehen, Nachweise aufbewahren und bei der Steuererklärung angeben bedeutet im Steuerrecht immer bares Geld – z. B. für Ihren nächsten Urlaub!

Für Herbert!

# Ohne Steuern …

… geht es nicht! Wie schön wäre es, keine Steuern zu zahlen – Hand auf Herz: haben wir das nicht alle schon einmal gedacht? Andererseits: Ohne Geld kommt das staatliche System nicht aus, von dem wir auch an vielen Stellen profitieren.

Nehmen wir uns die Zeit, um anzusehen, wie das System der Abgaben in Deutschland aufgebaut ist. Was sind eigentlich Steuern, Gebühren und Beiträge? Wer erhebt eigentlich Steuern?

Steuerrecht ist ein Teil des so genannten Abgabenrechts, zu dem auch das Gebührenrecht und das Beitragsrecht gehören. Wir kennen die Begriffe, wissen aber oft nicht, was sich dahinter verbirgt.

### Abgaben

*Abgaben sind einseitig auferlegte, öffentlich-rechtliche Zahlungsverpflichtungen, die einem Träger hoheitlicher Gewalt (z. B. Bund, Land, Gemeinde) zufließen und zumindest auch der Einnahmeerzielung des Gemeinwesens dienen, d. h. wir sind zur Steuerzahlung nach den Vorgaben der Einzelsteuergesetze (z. B. Einkommensteuergesetz, Gewerbesteuergesetz) verpflichtet.*

Abgaben lassen sich unterscheiden in Steuern, Gebühren und Beiträge:

- **Steuern** finanzieren allgemeine Staatsaufgaben und fließen in den allgemeinen Haushalt.

- **Gebühren** werden als Gegenleistung für eine besondere (tatsächliche individuelle) Leistung der Verwaltung (Verwaltungsgebühren) oder für die Inanspruchnahme öffentlicher Einrichtungen und Anlagen (Benutzungsgebühren) erhoben (z. B. Passgebühr, Schwimmbadgebühr, Abfallgebühr). Sie unterliegen dem Kostendeckungsprinzip und können daher vom hoheitlichen Träger nicht zu Höchstpreisen am Markt angeboten werden.

- **Beiträge** sind Gegenleistungen für die individuelle Möglichkeit der Inanspruchnahme, z. B. Sozialbeiträge oder Kammerbeiträge. Die Kostendeckung erfolgt über die Gesamtheit der Beitragszahlungen aller Nutzenden.

Die Steuererträge fließen entweder ausschließlich dem Bund (z. B. Zölle, Versicherungsteuer, Mineralölsteuer, Kaffeesteuer, Solidaritätszuschlag) bzw. ausschließlich den Ländern (z. B. Grunderwerbsteuer, Rennwett- und Lotteriesteuer, Erbschaftsteuer) oder als Gemeinschaftsteuer beiden gemeinsam (z. B. Einkommensteuer, Körperschaftsteuer, Umsatzsteuer) zu. Daneben erhalten auch die Gemeinden einen Teil des Steueraufkommens.

Beispielsweise sind der Bund und die Länder an der Körperschaftsteuer je zur Hälfte und an der Einkommensteuer je zu 42,5 % beteiligt. 15 % der Einkommensteuer geht an die Gemeinden. Die Anteile der Beteiligung an der Umsatzsteuer sind variabel und betragen derzeit für den Bund ca. 52 %, für die Länder ca. 45 % und für die Gemeinden ca. 2 %.

Das Bundesfinanzministerium (www.bundesfinanzministerium.de) erstellt jedes Jahr eine Grafik über die Steuereinnahmen. Im Jahr 2015 betrug das steuerliche Gesamtvolumen ca. 673 Milliarden Euro. Davon entfielen auf die Einkommensteuer inklusive der Lohnsteuer, des Solidaritätszuschlags, der Kapitalertragsteuer und des Zinsabschlags bereits mehr als 269 Milliarden Euro oder ca. 40 %. Mit 209 Milliarden Euro bzw. 31,6 % ist die Umsatzsteuer (die vielfach immer noch Mehrwertsteuer genannt wird) der zweitgrößte Posten bei den Gesamtsteuereinnahmen.

# Besteuerungsprinzipien

Steuern dienen dem Staat als Hauptfinanzierungsquelle. Bei den Leistenden bewirkt die Steuerzahlung jedoch unterschiedliche Verhaltensweisen, z. B. ein Vermeidungsverhalten (höhere Besteuerung) oder eine verstärkte Inanspruchnahme (niedrigere Besteuerung) solcher Leistungen. Insoweit kann mit Besteuerung neben der Ertragsbeschaffung auch ein politischer Lenkungszweck verbunden sein.

Systemtragende Prinzipien sind z. B. der Gleichheitssatz, das Legalitätsprinzip, das Übermaßverbot sowie das Sozialstaatsprinzip.

## Gleichheitsgrundsatz

Der *Gleichheitsgrundsatz* des Art. 3 Abs. 1 des Grundgesetzes wird steuerspezifisch konkretisiert durch das Prinzip der Besteuerung nach der wirtschaftlichen Leistungsfähigkeit. Danach fordert die allgemeine Steuergerechtigkeit, dass die Steuerlasten auf die Steuerpflichtigen im Verhältnis ihrer wirtschaftlichen Leistungsfähigkeit verteilt werden. Dies gilt vor allem im Einkommensteuerrecht, das auf die Leistungsfähigkeit des Einzelnen angelegt ist.

Das verfassungsrechtlich gebotene Prinzip der Besteuerung nach wirtschaftlicher Leistungsfähigkeit ist an vielen Stellen der Besteuerung erkennbar.

Dazu zählt nicht nur die Steuerprogression im Rahmen der Einkommensteuer, sondern auch der steuerfreie Grundfreibetrag oder die Berücksichtigung von Kindern im Steuerrecht.

## Steuerprogression

*Steuerprogression bedeutet, dass mit steigendem zu versteuernden Einkommen auch der Einkommensteuersatz ansteigt. Der Eingangssteuersatz beträgt beispielsweise 14 % und steigt dann kontinuierlich bis zum Spitzensteuersatz auf 45 % des zu versteuernden Einkommens an.*
*Der Grundfreibetrag ist der Betrag zur Deckung des Existenzminimums. Er unterliegt nicht der Besteuerung. Er liegt im Jahr 2017 bei 8.820 Euro (2018: 9.000 Euro).*

## Leistungsfähigkeitsprinzip

Das *Leistungsfähigkeitsprinzip* ist ein systemtragender Vergleichsmaßstab für so genannten Fiskalzwecknormen, d. h. Normen, die primär dazu dienen, den notwendigen Finanzbedarf der öffentlichen Haushalte zu decken. Das Leistungsfähigkeitsprinzip wird bei so genannten Sozialzwecknormen teilweise durchbrochen.

*Sozialzwecknormen sind Normen, die neben der Finanzbeschaffung wirtschaftspolitisch, kulturpolitisch, ökologisch oder sozialpolitisch – also nicht fiskalisch – motiviert sind, so z. B. Lenkungs- oder Umverteilungsnormen.*

Das Leistungsfähigkeitsprinzip wird im deutschen Steuerrecht durch die Steuererhebung auf die drei Leistungsindikatoren Einkommen, Vermögen und Konsum konkretisiert.

| **Einkommen**<br>z. B<br>EStG, KStG | → | **Vermögen**<br>z. B.<br>GrStG | → | **Konsum**<br>z. B.<br>UStG, GrEStG |
|---|---|---|---|---|

# Legalitätsprinzip

Das *Legalitätsprinzip* bedeutet die Gesetzmäßigkeit der Besteuerung. Die Auferlegung von Steuerlasten ist nur zulässig, wenn sie durch Gesetz angeordnet ist (Vorbehalt des Gesetzes). Steuerrechtliche Rechtsverordnungen und Verwaltungsakte dürfen nicht gegen das Gesetz verstoßen (Vorrang des Gesetzes).

### *Vorbehalt und Vorrang des Gesetzes*

*Vorbehalt des Gesetzes bedeutet, dass jeder belastende Eingriff des Staates in die Rechtsgüter des Einzelnen durch eine gesetzliche Rechtsgrundlage legitimiert sein muss. Es stellt einen Schutz des Einzelnen dar.*
*Vorrang des Gesetzes bedeutet, dass die drei demokratischen Gewalten in ihrem Handeln an das Gesetz gebunden sind und ihm nicht zuwiderhandeln dürfen. In Art. 20 Abs. 2 GG sind die demokratischen Gewalten aufgezählt, nämlich die Legislative (Gesetzgebung), die Exekutive (Verwaltung) und die Judikative (Rechtsprechung).*

# Übermaßverbot

Das Übermaßgebot ist verfassungsrechtlich im Rechtsstaatsprinzip begründet und enthält den Grundsatz der Verhältnismäßigkeit. Es gilt für jede staatliche Maßnahme der Legislative, Exekutive und Judikative.

Der Eingriff in die freiheitliche Sphäre des Bürgers ist auf Maßnahmen beschränkt, bei denen das gewählte Mittel in einem vernünftigen Verhältnis zum angestrebten Zweck steht. Diese Zweck-Mittel-Relation wird durch die Kriterien

der Geeignetheit, Erforderlichkeit und Zumutbarkeit konkretisiert.

## Sozialstaatsprinzip

Die sozial gerechte Besteuerung ist Ausfluss des *Sozialstaats-
prinzips* und ist auf einen Ausgleich sozialer Ungleichheiten
gerichtet. Es gewährt zur Sicherung der Menschenwürde
soziale Mindeststandards wie z. B. den Anspruch auf Sozialhilfe. Analog dazu gebietet das Sozialstaatsprinzip die
Steuerfreiheit des Existenzminimums in Höhe der Sozialhilfe.

Ferner gibt es Steuernormen, die auf den Ausgleich zugunsten wirtschaftlich schwächerer Bevölkerungsteile gerichtet
sind (Umverteilungsnormen).

# Systematisierung

Die Steuerhebung kann nicht willkürlich anhand personen- oder situationsgebundene Faktoren erfolgen, vielmehr bedient sich das Steuersystem besonderer Anknüpfungspunkte, die als Indikatoren für Leistungsfähigkeit angesehen werden. In Deutschland wirken Steuern nicht nur auf den Erwerb des Einkommens und Vermögens, sondern auch auf dessen Verwendung.

Zu nennen sind dabei insbesondere der Ertrag (Einkommen), der Konsum, sowie der Vermögensbestand. Jeder der Indikatoren Einkommen, Vermögen und Konsum wird durch Steuern in unterschiedlicher Weise belastet.

Die Einkommensteuer reduziert beispielsweise nicht nur das Einkommen des Steuerzahlers, sondern auch die Konsummöglichkeiten. Umgekehrt belastet eine Steuer auf den Konsum auch das Einkommen und das Vermögen der steuerpflichtigen Person.

## Ertragsteuern

Unter Ertragsteuern werden die Steuerarten verstanden, die an den Ertrag anknüpfen. Dazu zählen z. B. die Einkommensteuer, die Kirchensteuer, der Solidaritätszuschlag, die Körperschaftsteuer oder auch die Gewerbesteuer.

Die Einkommensteuer ist eine Personensteuer. Sie hat die Besteuerung des Einkommens einer natürlichen Person zum Gegenstand. Weiterhin wird sie periodisch als Veranlagungssteuer erhoben, da sie nach Ablauf eines Kalender- oder

Wirtschaftsjahres vom Steuerpflichtigen erklärt und von der Finanzbehörde veranlagt wird. Der Einkommensbegriff ist auf das realisierte (und nicht das eventuell realisierbare) Einkommen bezogen.

Die Körperschaftsteuer knüpft ebenfalls an das Erwerbseinkommen an und richtet sich auf den erwirtschafteten und realisierten gewerblich bedingten Vermögenszuwachs bei juristischen Personen. Juristische Personen sind Personenvereinigungen oder Zweckvermögen, die rechtliche Selbständigkeit besitzen, also insbesondere Kapitalgesellschaften und sonstige Körperschaften. Die Grundidee basiert auf der Vorstellung, dass sich die Gewinne juristischer Personen vom Einkommen der Anteilseigner unterscheiden und daher getrennt zu besteuern sind. Dadurch entsteht eine wirtschaftliche Doppelbelastung – auf Ebene der Gesellschaft durch die Körperschaftsteuer und gleichzeitig auf Ebene der Anteilseigner, die der Einkommensteuer unterliegen.

Der Solidaritätszuschlag ist eine Zusatzsteuer zur Einkommensteuer (auch Annexsteuer genannt) und wurde nach der Wiedervereinigung der beiden deutschen Staaten im Jahre 1991 (übergangsweise) eingeführt. Sie steht immer wieder auf dem Prüfstand.

## Verbrauch- und Verkehrsteuern

Verbrauch- und spezielle Verkehrsteuern knüpfen an die Verwendung von Einkommen und Vermögen an. Je höher der Konsum, d. h. der Verbrauch, desto höher ist die zu zahlende Steuer.

Verbrauchsteuern werden in die allgemeine Verbrauchsteuer (Umsatzsteuer), die speziellen Verbrauchsteuern (z. B. Mineralöl-, Kraftfahrzeug-, Bier-, Schaumwein- oder Tabaksteuer) und die speziellen Verkehrsteuern (z. B. Grunderwerbsteuer) unterteilt. Die Umsatzsteuer ist in der EU weitgehend harmonisiert.

Verbrauchsteuern belasten den Verbrauch von Waren. Ganz deutlich ist dieser Grundsatz bei der Umsatzsteuer zu erkennen, die uns im alltäglichen Leben häufig begegnet. „Verbräuche" sind Indikatoren für die Leistungsfähigkeit des Einzelnen.

### Verbrauchsteuern und Leistungsfähigkeit

*Tina Tanner ist Studentin und kauft eine CD zum Preis von 23,80 Euro. Darin enthalten ist als allgemeine Verbrauchsteuer 19 % Umsatzsteuer, d. h. 3,80 Euro, die an das Gemeinwesen fließen.*

*Tina Tanner kauft nach ihrer ersten Gehaltszahlung nicht eine, sondern zehn dieser CDs, dann trägt sie deutlich mehr zum Verbrauchsteueraufkommen bei, da 38,00 Euro Umsatzsteuer an das Gemeinwesen fließen.*

Manche Waren, wie z. B. der Erwerb von Mineralöl oder das Halten eines Kraftfahrzeugs werden (auch) aus umweltpolitischen Gründen mit Verbrauchsteuern belastet.

Das Leistungsfähigkeitsprinzip spiegelt sich hier insoweit, als der Leistungsfähige über seinen erhöhten Verbrauch auch höhere Steuerbeiträge zahlt. Der weniger Leistungsfähige, der in der Regel weniger verbraucht, trägt auch weniger zum Verbrauchsteueraufkommen bei. Mithin ist auch der

Verbrauch eines Produktes ein Indikator von Leistungsfähigkeit, so dass auch daran die Besteuerung anknüpfen kann.

Die Grunderwerbsteuer und die Versicherungsteuer sind als spezielle Verkehrsteuern besondere Formen der Umsatzsteuer, sie sind aber nicht mit ihr gleichzusetzen. Sowohl der Erwerb von Grundstücken als auch der Abschluss von Versicherungen ist von der Umsatzsteuer befreit, sie unterliegen stattdessen aber den jeweils spezielleren zuvor genannten Steuergesetzen.

Durch die Erhebung der Umsatzsteuer sowie anderer Verbrauchs- und Verkehrsteuern wird das Einkommen doppelt belastet, einerseits bei der Erzielung durch die Einkommensteuer und andererseits bei der Verwendung durch die Umsatzsteuer oder andere Verbrauchs- und Verkehrsteuern.

Wirtschaftlich sind mit der Umsatzsteuer die Konsumenten, also die Endverbraucher belastet. Unternehmen sind dagegen aufgrund des Vorsteuerabzugs im Regelfall nicht mit der Umsatzsteuer auf unternehmerische Umsätze belastet.

### Vorsteuerabzug

*Durch den so genannten Vorsteuerabzug (ergibt sich aus dem Umsatzsteuergesetz) wird der unternehmerische Verbrauch an Gütern und Dienstleistungen von der Umsatzsteuer freigestellt. Der Vorsteuerabzug gilt nicht für andere Verbrauch- oder Verkehrsteuern wie die Grunderwerbsteuer, die Versicherungsteuer oder Energiesteuern.*

# Objektsteuern

Realsteuern – auch Objektsteuern genannt – sind z. B. die Grundsteuer und die Gewerbesteuer. Besteuerungsgegenstand der Gewerbesteuer ist der gewerbliche Ertrag des Unternehmens und nicht der Ertrag des Unternehmensinhabers. Steuergegenstand der Grundsteuer ist der Grundbesitz, also das bebaute oder unbebaute Grundstück.

Es kommt bei Objektsteuern nicht auf die persönlichen Verhältnisse des Unternehmensinhabers oder Grundstückeigentümers an.

Die Grundsteuer ist mit dem Vermögensbestand verbunden. Der Gewerbesteuer liegt das Äquivalenzprinzip zugrunde, d. h. sie stellt einen Beitrag des Unternehmens zu den Lasten der Gemeinden dar, die ihnen für die Bereitstellung der notwendigen Infrastruktur entstehen und zwar unabhängig von der Frage, ob das Unternehmen diese Infrastruktur tatsächlich im Einzelfall benötigt.

# Einkommensteuer

Steuersubjekt der Einkommensteuer ist die natürliche Person, d.h. der Mensch von der Geburt bis zum Tod. Juristische Personen sind dagegen nicht Steuersubjekt der Einkommensteuer, sondern der Körperschaftsteuer. Personengesellschaften wie OHG, KG, GbR oder auch die Erbengemeinschaft unterliegen nicht der Einkommensteuer, vielmehr werden die Einkünfte (Gewinne oder Verluste) von Personengesellschaften einheitlich und gesondert festgestellt und den Gesellschaftern in Höhe ihres Anteils bei der Einkommensbesteuerung zugerechnet.

Um die Systematik der Einkommensteuer oder auch den eigenen Steuerbescheid zu verstehen, müssen einige Begrifflichkeiten geklärt werden. Dazu zählen die Begriffe Einkünfte, Summe der Einkünfte, Gesamtbetrag der Einkünfte, Einkommen und zu versteuerndes Einkommen. Was sich Laien nicht ohne weiteres erschließt, ist der Umstand, dass die o.g. Begriffe nicht selbsterklärend sind, sondern dass sich dahinter vordefinierte Rechenschritte verbergen. Das bedeutet im Einzelnen:

**!** **Stark vereinfachtes Schema zur Einkommensteuer**

■     Einkünfte aus den Gewinnermittlungen der Ein-
      kunftsarten
–     Freibeträge (z. B. Altersentlastungsbetrag oder Ent-
      lastungsbetrag für Alleinerziehende)
=     *Gesamtbetrag der Einkünfte*
–     Sonderausgaben
–     Außergewöhnliche Belastungen
–     Sonstige Abzüge (z. B. Verlustabzüge, oder selbst-
      genutzter Wohnraum)
=     *Einkommen*
–     Kinderfreibeträge
=     *Zu versteuerndes Einkommen*
x     Einkommensteuertarif
–     Steuerermäßigungen (z. B. bei ausländischen Ein-
      künften oder Zuwendungen an politische Parteien
      oder gezahlter Gewerbesteuer)
+     Kindergeld
=     *Festzusetzende Einkommensteuer*

## Einzelbesteuerung

Jede Person, die Einkünfte erzielt, unterliegt der Einkommensteuer (Prinzip der Einzelbesteuerung). Dies gilt auch
für minderjährige Kinder, die ebenfalls selbständig steuerpflichtig sind und nicht etwa zusammen mit ihren Eltern eine
gemeinsame Steuererklärung abzugeben haben.

Denken ließe sich hier z. B. an die Einkünfte aus Kapitalver-mögen (z. B. Zinserträge auf dem Sparkonto), die auch ein minderjähriges Kind erzielen könnte. Eine Ausnahme vom Prinzip der Einzelbesteuerung gilt für Ehe-/Lebenspartner. Sie können zwischen der Einzelveranlagung und der Zusam-menveranlagung wählen.

Juristische Personen – also etwa Kapitalgesellschaften –, die ihren Sitz oder Geschäftsleitung im Inland haben, sind in Deutschland unbeschränkt körperschaftsteuerpflichtig. Die Körperschaftsteuer baut auf dem handelsrechtlichen Jahresüberschuss und den grundlegenden Prinzipien des Handelsrechts und des Einkommensteuergesetzes auf, die aber durch die Kürzungen und Hinzurechnungen des Kör-perschaftsteuergesetzes modifiziert werden.

## Welteinkommensprinzip

Natürliche Personen, die im

- Inland einen Wohnsitz oder

- einen gewöhnlichen Aufenthalt haben,

sind in Deutschland unbeschränkt einkommensteuerpflich-tig.

Eine natürliche Person ist eine solche, die geboren ist. Im Ge-gensatz zum Erbrecht, das regelt, dass auch bereits gezeugte Kinder erben können, sofern sie später geboren werden (§ 1923 Abs. 2 BGB), beginnt die Einkommensbesteuerung zwingend erst mit der Geburt.

Dies beutet, dass weder die Staatsangehörigkeit noch die Volljährigkeit einer Person Voraussetzung für die Einkommensbesteuerung sind, vielmehr kommt es lediglich auf den Wohnsitz oder den gewöhnlichen Aufenthalt der Person an.

Einen Wohnsitz hat eine Person immer dann, wenn sie eine Wohnung oder ein Teil einer Wohnung bewohnt. Der gewöhnliche Aufenthalt führt ebenfalls zu unbeschränkter Steuerpflicht und kann auch anderweitig begründet werden, insbesondere dann, wenn die Person länger als 6 Monate im Inland verweilt, z. B. Saisonarbeiter.

Einkünfte, die als eine der im EStG genannten Einkunftsarten eingeordnet werden können, unterliegen der Einkommensteuer. Manche Einkünfte, wie private Vermögenseinkünfte, Schenkungen und Glücksspielgewinne werden hingegen nicht von der Einkommensteuer erfasst.

Nach dem Welteinkommensprinzip werden alle inländischen und ausländischen Einkünfte der steuerpflichtigen Person erfasst. Dieses – auch international übliche – Besteuerungsprinzip führt daher häufig zu Doppelbesteuerungen, deren Folgen durch bilaterale Doppelbesteuerungsabkommen oder unilaterale Maßnahmen des Gesetzgebers abgemildert werden.

### *Unbeschränkte Steuerpflicht*

*Das in Köln lebende minderjährige Kind Kerstin erbt von ihrem verstorbenen Vater zwei Mietshäuser, eines in Köln und eines in São Paulo, dessen Mieteinnahmen dem Kind Kerstin nunmehr zufließen. Kerstin hat in Deutschland einen Wohnsitz und ist daher unbeschränkt steuerpflichtig.*

*Daraus folgt, dass Kerstin – vertreten durch die Mutter – die Erträge aus beiden Mietshäusern in Deutschland zu versteuern hat. Nach brasilianischem Steuerrecht werden die*

*Mieteinnahmen aus dem in Brasilien gelegenen Mietshaus ebenfalls versteuert.*

Beschränkt steuerpflichtig sind Personen, die weder ihren Wohnsitz noch ihren gewöhnlichen Aufenthalt (bei juristischen Personen: Sitz oder Geschäftsleitung) im Inland haben, also nicht im Inland ansässig sind.

Die beschränkte Steuerpflicht führt auf deutscher Seite nicht zur Welteinkommensbesteuerung, sondern lediglich zur Besteuerung inländischer Einkünfte.

### Beschränkte Steuerpflicht

*Wir bleiben bei dem obigen Beispiel. Würde Kerstin nicht in Köln, sondern in São Paulo wohnen, so wäre sie in Deutschland nicht unbeschränkt, sondern nur beschränkt steuerpflichtig, d. h. lediglich mit den inländischen Einkünften aus Vermietung und Verpachtung des Kölner Mietshauses. In Brasilien hingegen wäre sie unbeschränkt steuerpflichtig mit ihrem Welteinkommen.*

Durch dieses Prinzip entsteht häufig eine anteilige Doppelbesteuerung, da im Regelfall bei grenzüberschreitenden Sachverhalten ein Land unbeschränkt und ein Land beschränkt besteuert.

Bilaterale Doppelbesteuerungsabkommen weisen einem der beteiligten Länder das Besteuerungsrecht zu und regeln, wie die Doppelbesteuerung derselben Einkünfte für die betroffene Person oder das betroffene Unternehmen abgemildert werden kann.

## Auf den Punkt gebracht

### Unbeschränkte und beschränkte Einkommensteuerpflicht

Unbeschränkt einkommensteuerpflichtig
(vgl. § 1 Abs. 1 EStG) sind:

- natürliche Personen
- mit Wohnsitz oder gewöhnlichem Aufenthalt
- im Inland

Rechtsfolge: Besteuerung des Welteinkommens

Beschränkt einkommensteuerpflichtig
(vgl. § 1 Abs. 4 EStG) sind:

- natürliche Personen,
- die weder Wohnsitz noch gewöhnlichen Aufenthalt
- im Inland haben aber
- inländische Einkünfte nach § 49 EStG erzielen.

Rechtsfolge: Besteuerung der inländischen Einkünfte

# Wichtige Einkunftsarten

Das Einkommensteuergesetz nennt sieben Einkunftsarten, nämlich die Einkünfte aus Land- und Forstwirtschaft, Gewerbebetrieb, selbständiger Arbeit, nichtselbständiger Arbeit, Kapitalvermögen, Vermietung und Verpachtung und sonstige Einkünfte wie z. B. Renten.

Nachfolgend werden von den genannten sieben Einkunftsarten, die Einkünfte aus Gewerbebetrieb, aus selbständiger Arbeit, aus nichtselbständiger Arbeit, aus Kapitalvermögen und aus Vermietung und Verpachtung in ihren Grundzügen dargestellt.

## Einkünfte aus Gewerbebetrieb

Zu den Einkünften aus Gewerbebetrieb, d. h. von gewerblichen Unternehmen, zählen insbesondere die Einkünfte von Unternehmen im Bereich Produktion, Dienstleistung und Handel. Auch Einzelpersonen können gewerblich tätig sein (als „Einzelunternehmen"). Sind mehrere Personen im Rahmen einer Personengesellschaft (z. B. OHG oder KG) gemeinschaftlich tätig, so werden ihnen die Einkünfte der Personengesellschaft anteilig zugerechnet.

Bei Einkünften aus Gewerbebetrieben erfolgt die Gewinnermittlung in der Regel nach dem Betriebsvermögensvergleich oder aber nach der vereinfachten Form der Einnahmenüberschussrechnung. Zusätzlich zur Einkommensteuer wird auch Gewerbesteuer erhoben.

# Einkünfte aus selbständiger Arbeit

Einkünfte aus selbständiger Arbeit erzielen z. B. Freiberufler, d. h. Personen, die z. B. wissenschaftlich, künstlerisch, schriftstellerisch, unterrichtend oder erziehend tätig sind. Darüber hinaus stellt eine Aufzählung klar, welche verschiedene Berufe das Gesetz ausdrücklich der selbständigen Tätigkeit zuordnet, wie z. B. Ärzte, andere Heilberufe, Rechtsanwälte, Architekten, Ingenieure, Wirtschaftsprüfer, Steuerberater, Journalisten u.ä. Die Abgrenzung von gewerblicher und freiberuflicher Tätigkeit ist mitunter schwierig, da sie im Gesetz nicht genau vorgegeben ist. Sofern eine Tätigkeit im Gesetz nicht ausdrücklich dem Berufskatalog zugeordnet ist, muss eine Ähnlichkeit feststellbar sein, was sich im Einzelfall als recht schwierig erweisen kann. Da Einkünfte aus selbständiger Tätigkeit nicht der Gewerbesteuer unterliegen, ist eine genaue Prüfung zu empfehlen.

## *Freiberufliche und gewerbliche Tätigkeiten*

*Britta B. ist beratende diplomierte Betriebswirtin im Bereich der unternehmerischen EDV-Beratung.*

*Während beratende Betriebswirte in den Bereichen Unternehmensführung, Finanzierung, Rechnungswesen o.ä. freiberufliche Tätigkeiten ausüben, gehört z. B. EDV-Beratung im Bereich der Anwendersoftwareentwicklung zu den gewerblichen Tätigkeiten, auch wenn sie von einer diplomierten Betriebswirtin erfolgt.*

*Allerdings muss hier genau untersucht werden, welche konkreten Tätigkeiten ausgeführt werden. Sofern Britta beispielsweise nur einzelne Bereiche der Anwendersoftwareentwicklung durchführt, wie z. B. die Konzeption und*

*Umsetzung personalpolitischer Instrumente, so könnte es sich um eine freiberufliche Tätigkeit handeln. Liegt hingegen der Schwerpunkt bei der Entwicklung, Pflege und Anwendung des Softwareproduktes, handelt es sich um eine gewerbliche Tätigkeit.*

# Einkünfte aus nichtselbständiger Arbeit

Einkünfte aus nichtselbständiger Arbeit erzielen Arbeitnehmerinnen und Arbeitnehmer, die aus einem Dienstverhältnis Arbeitslohn (Gehalt) beziehen. Bei Einkünften aus nichtselbständiger Arbeit wird die Einkommensteuer vom Arbeitgeber einbehalten und direkt an die Finanzbehörde abgeführt. Diese Art der Erhebung der Einkommensteuer wird „Lohnsteuer" genannt, es handelt sich also um dieselbe Steuer, lediglich die Art der Zahlungsübermittlung (Erhebung) an die Finanzbehörde ist unterschiedlich.

# Einkünfte aus Kapitalvermögen

Einkünfte aus Kapitalanlagen entstehen aus der Nutzung privaten Geldvermögens und sind in § 20 EStG näher umschrieben. Darunter fallen z. B. Dividenden, Aktien- und Investmenteinnahmen, Einnahmen aus GmbH-Anteilen oder aus stiller Gesellschaft oder auch Zinsen.

Seit 2009 gilt der Sparer-Pauschbetrag von 801 Euro/KJ, bei zusammen veranlagten Steuerpflichtigen 1.602 Euro/KJ. Der vor 2009 geltende Sparer-Freibetrag wurde damit abgeschafft. Die Abgeltungsteuer beträgt 25 % und der

Abzug der tatsächlichen Werbungskosten, wie z. B. Depot-, Vermögensverwaltungs- oder Kontoführungsgebühren ist ausgeschlossen.

## Einkünfte aus Vermietung und Verpachtung

Unter Einkünften aus Vermietung und Verpachtung wird vor allem die Vermietung von z. B. Wohnungen oder die Verpachtung von Grundstücken verstanden. Dazu zählt aber auch die Vermietung von Mobiliar, z. B. einer möblierten Wohnung oder der Praxiseinrichtung eines Architekten. Auch Rechte können vermietet werden, wenn z. B. eine Autorin dem Verlag Urheberrechte und Lizenzen ihres Werkes überlässt.

Die weiteren (hier nicht detailliert dargestellten) Einkunftsarten sind die Einkünfte aus Land- und Forstwirtschaft und sonstige Einkünfte.

# Gewinn- und Überschussermittlung

In der Systematik des Einkommensteuergesetzes unterscheidet sich die Art, wie die zu besteuernden Einkünfte festgestellt und berechnet werden.

Dabei unterscheidet das Gesetz nach Gewinneinkünften und Überschusseinkünften. Während Gewinneinkünfte im Wesentlichen die gewerbliche und selbständige Tätigkeit betreffen, handelt es sich bei Überschusseinkünften um solche aus nichtselbständiger Arbeit, Vermietung und Verpachtung, Kapitaleinkünfte, sowie sonstige Einkünfte.

| | |
|---|---|
| 1. Einkünfte aus Land- und Forstwirtschaft (§§ 13 bis 14a EStG)<br>2. Einkünfte aus Gewerbebetrieb (§§ 15 bis 17 EStG)<br>3. Einkünfte aus selbständiger Arbeit (§ 18 EStG) | Gewinneinkünfte |
| 4. Einkünfte aus nichtselbständiger Arbeit (§§ 19 bis 19a EStG)<br>5. Einkünfte aus Kapitalvermögen (§ 20 EStG)<br>6. Einkünfte aus Vermietung und Verpachtung (§ 21 EStG)<br>7. sonstige Einkünfte i. S. d. § 22 EStG (§§ 22 bis 23 EStG) | Überschusseinkünfte |

Die Ermittlung der Einkünfte erfolgt nach verschiedenen Methoden für die Einkünfte aus Land- und Forstwirtschaft, aus Gewerbebetrieb oder selbständiger Arbeit. Dies sind

- der Betriebsvermögensvergleich,

- die Einnahmenüberschussrechnung und

- die Berechnung nach Durchschnittssätzen.

Die beiden ersten Methoden werden nachfolgend näher beschrieben. Die Gewinnermittlung nach Durchschnittssätzen ist eine Besonderheit für land- und forstwirtschaftliche Betriebe und basiert auf pauschalen Wertansätzen. Hierbei gibt es einen Grundbetrag für selbstbewirtschaftete Flächen pro Hektar, Zuschläge für Tierhaltung, sowie die Erfassung von Einnahmen aus Vermietung und Verpachtung des landwirtschaftlichen Vermögens und des Kapitalvermögens.

Der Gewinn wird bei Gewerbebetrieben und selbständiger Arbeit unter Berücksichtigung der Betriebseinnahmen (Ertrag) und Betriebsausgaben (Aufwand) ermittelt.

Betriebseinnahmen sind alle Zugänge in Geld oder Geldeswert, die durch den Betrieb veranlasst sind; Betriebsausgaben sind alle betrieblich veranlassten Aufwendungen. Das Einkommensteuergesetz reglementiert die Ausgaben insoweit, als dass manche Ausgaben den Gewinn nicht vollständig mindern dürfen, so z. B. Geschenke an Nichtarbeitnehmer, Bewirtungskosten, Verpflegungsmehraufwendungen, Bußgelder etc.

## Betriebsvermögensvergleich

Der Gewinn eines Unternehmens wird im Regelfall durch den so genannten Betriebsvermögensvergleich ermittelt. Dabei wird das Betriebsvermögen am Ende des Wirtschaftsjahres dem Betriebsvermögen am Anfang des Wirtschaftsjahres gegenübergestellt. Die sich daraus ergebende Differenz muss noch um privat veranlasste Veränderungen korrigiert werden (z. B. Entnahmen und Einlagen) und ergibt dann den Gewinn, d. h. die Einkünfte z. B. aus Gewerbebetrieb.

Ausgangspunkt für den Betriebsvermögensvergleich ist eine handelsrechtliche Buchführung mit einer Bilanzerstellung. Betrieblich veranlasste Vermögenszugänge (Zahlungseingang z. B. aufgrund einer Kundenzahlung) und Vermögensabgänge (Zahlungsausgang z. B. aufgrund der Inanspruchnahme einer Leistung eines Dritten) erhöhen bzw. mindern das Betriebsvermögen.

Die Höhe des Gewinns wird maßgeblich durch die Frage bestimmt, welche Wirtschaftsgüter in der Bilanz anzusetzen sind und mit welchem Wert sie in die Bilanz einfließen. Vereinfachend kann festgestellt werden, dass die Handelsbilanz eine Grundlage und Orientierung für die Steuerbilanz darstellt.

## Betriebsvermögensvergleich

*Die Bilanz der Einzelunternehmerin Martina aus Mannheim weist zum Bilanzstichtag 31.12.2017 ein Betriebsvermögen von 400.000 Euro aus. Das Betriebsvermögen am Bilanzstichtag 31.12.2016 betrug lediglich 300.000 Euro. Im Laufe des Jahres 2017 hat sie monatlich 10.000 Euro zur Bestreitung ihres Lebensunterhalts aus ihrem Betrieb entnommen, aber einen privaten Pkw im Wert von 40.000 Euro in das Betriebsvermögen eingelegt.*

*Ihr Gewinn ermittelt sich wie folgt:*

| Berechnung | Euro |
|---|---|
| *Betriebsvermögen Ende 2017* | *400.000* |
| *– Betriebsvermögen Ende 2016* | *– 300.000* |
| *+ Privatentnahmen* | *+ 120.000* |
| *– Privateinlagen (Pkw)* | *– 40.000* |
| *Gewinn des Wirtschaftsjahrs 2017* | *180.000* |

# Einnahmenüberschussrechnung

Die einfache Gewinnermittlungsmethode der „Einnahmenüberschussrechnung" besteht für zahlreiche freiberuflich Tätige sowie kleine Gewerbebetriebe. Diese Art der Gewinnermittlung wird auch „§4-III-Rechnung" genannt, weil sich ihre Grundlage in §4 Absatz 3 EStG findet.

Die Besonderheit von kleinen Unternehmen und freiberuflich Tätigen ist, dass sie im Vergleich z.B. zum Produktionsgewerbe weniger Anlage- und Umlaufvermögen vorweisen. Die Veränderung des Betriebsvermögens ist daher nicht der Gewinn, sondern der Überschuss der Einnahmen über die Betriebsausgaben. Maßstab ist also nicht das Betriebsvermögen (Aktiva minus Passiva), sondern lediglich die unternehmerischen Einnahmen und Ausgaben.

Dies ist nur für solche Unternehmen möglich, die weder nach handelsrechtlichen noch nach steuerrechtlichen Vorschriften buchführungspflichtig sind.

### *Einnahmenüberschussrechnung*

*Marius, der Bruder von Martina aus Mannheim ist selbständiger Architekt. Er erzielt im Jahr 2017 Einnahmen aus seiner freiberuflichen Tätigkeit in Höhe von 400.000 Euro. Im Laufe des Jahres 2017 hat er monatlich für Gehälter, Miete und Sachkosten 250.000 Euro ausgegeben.*

*Er ermittelt seinen Gewinn nach der Einnahmenüberschussrechnung:*

| *Berechnung* | *Euro* |
|---|---:|
| *Betriebseinnahmen 2017* | *400.000* |
| *– Betriebsausgaben 2017* | *– 250.000* |
| *Gewinn 2017* | *150.000* |

Es werden bei der Einnahmenüberschussrechnung also lediglich die Betriebseinnahmen den Betriebsausgaben gegenübergestellt und saldiert. Hierbei werden die tatsächlichen Zahlungsflüsse berücksichtigt, daher wird diese Methode als eine reine Kassenrechnung bezeichnet.

Sofern die/der Steuerpflichtige Anlagevermögen besitzt, z. B. Computer, Zeichentische oder Betriebs-Pkw, so gelten die üblichen Abschreibungsregelungen des EStG (wie beim Betriebsvermögensvergleich), d. h. entsprechend der jährlichen Abnutzung.

## Überschussermittlung

Die Überschussermittlung erfolgt bei Einkünften aus nichtselbständiger Arbeit (Arbeitnehmer), Kapitalvermögen, Vermietung und Verpachtung und bei den sonstigen Einkünften. Diese Einkunftsarten werden auch als Überschusseinkünfte bezeichnet.

Es wird der Überschuss der Einnahmen über die Werbungskosten ermittelt. Hier handelt es sich also nicht um die oben beschriebenen Betriebsausgaben (bzw. Aufwand). Vielmehr folgt die Überschussermittlung eigenen Regelungen, die in Teilen der betrieblichen Gewinnermittlung ähnlich aber eben nicht identisch sind.

Einnahmen sind alle Güter, die dem Steuerpflichtigen im Rahmen der Einkunftsart zufließen, also z. B. auch Vorteile aus der Privatnutzungsmöglichkeit eines dienstlichen Pkws oder aber auch die Überlassung einer Dienstwohnung o. ä.

## Überschussermittlung

*Maria, die Schwester von Martina aus Mannheim ist ange-*
*stellte Steuerberaterin bei einer bekannten Beratungsgesell-*
*schaft. Sie erzielt im Jahr 2017 ein Bruttogehalt aus ihrer*
*nichtselbständigen Tätigkeit in Höhe von 200.000 Euro, an*
*Fahrtkosten, Kontoführungsgebühren und sonstigen Auf-*
*wendungen für Ihre Tätigkeit hat sie steuerlich anzuerken-*
*nende Aufwendungen von 3.000 Euro.*

*Ihr Überschuss ermittelt sich nach der Überschussrechnung:*

| Berechnung | Euro |
|---|---|
| Gehalt 2017 | 200.000 |
| – Werbungskosten | – 3.000 |
| Überschuss 2017 | 197.000 |

Werbungskosten sind Aufwendungen zum Erwerb sowie
der Sicherung und Erhaltung der Einnahmen. Diese Definition zeigt bereits, dass der Werbungskostenbegriff enger ge-
fasst ist als der Betriebsausgabenbegriff, der lediglich auf die
betriebliche Veranlassung abstellt. Insoweit ist der Katalog
in § 9 EStG eine wichtige Quelle für die Abzugsfähigkeit von
Werbungskosten. Zu nennen sind hier v. a. Aufwendungen
wegen der Wege des Arbeitnehmers zwischen Wohnung
und Arbeitsstätte, Mehraufwendungen wegen doppelter
Haushaltsführung, Aufwendungen für Arbeitsmittel oder
Verpflegungsmehraufwendungen, die durch die jeweilige
Einkunftsart veranlasst sind.

# Wissenswertes …

Das folgende Kapitel beschäftigt sich mit interessanten Einzelheiten zu verschiedenen Einkommensarten.

## … für Selbständige

### Liebhaberei

Was hat ein Liebhaber mit Steuerrecht zu tun? Liebhaberei stellt keine Einkunftsart dar, sondern vielmehr eine Tätigkeit, die im Wesentlichen nicht aufgrund eines wirtschaftlichen Hintergrundes erfolgt, sondern eher das Ergebnis privater Neigungen ist. Es geht im Kern um die Frage, ob dauerhafte Verluste aus einer Tätigkeit einkommensteuerlich berücksichtigt werden, wenn das Verhalten der oder des Steuerpflichtigen nicht dem üblichen Verhalten im Wirtschaftsverkehr entspricht.

Einkünfte aus gewerblichen Unternehmen kann nur erzielen, wer die Absicht hat, mit der Tätigkeit Gewinne zu erzielen. Wer von vornherein und dauerhaft Verluste produzieren will, verhält sich wie ein „Liebhaber" (gemeint ist damit privates Hobby), nicht wie ein Gewerbetreibender.

Insoweit wird ein sogenannter Fremdvergleich angestellt. Wenn sich der oder die Steuerpflichtige nicht wie ein Unternehmer verhält, und objektiv betrachtet nicht die Absicht erkennbar ist, Gewinne zu erzielen, so liegt die Tätigkeit eher im privaten, persönlichen Bereich des Hobbys, also der Liebhaberei, und ist nicht einkommensteuerlich zu berücksichtigen.

Zwar müssen nicht in jedem Jahr Gewinne erzielt werden und längere Verlustphasen sind damit nicht schädlich – dennoch muss voraussichtlich in der gesamten Lebensdauer des Unternehmens ein Totalgewinn und nicht ausschließlich die Deckung der Selbstkosten möglich sein.

Sicherlich unterliegt diese Einschätzung zahlreichen individuellen Merkmalen, so dass es immer wieder Streitfälle bei der Abgrenzung gibt.

Insbesondere sind Anfangsverluste eines Unternehmens nicht unüblich und Liebhaberei kann nur dann angenommen werden, wenn die oder der Steuerpflichtige von vornherein aus sachlich-kalkulatorischen Gründen nicht in der Lage war, nachhaltige Gewinne zu erzielen. Erscheint die Absicht, Gewinne erzielen zu wollen, zweifelhaft, kann die Finanzbehörde mehrere Jahre lang vorläufige Steuerbescheide erlassen, die dann später überprüft werden.

> ### Beispiele für möglicherweise „Liebhaberei" aus der Rechtsprechung
>
> *Verluste aus*
>
> * *Unterhaltung eines Weinbergs*
> * *Vermietung einer Yacht*
> * *Pferdestallbetrieb*
> * *Atelieranmietung eines Hobby-Malers*
> * *Blumen- oder Tierzucht*
> * *nebenberuflichem Oldtimer-Handel*

Zahlreiche Steuerpflichtige haben Verluste aus derartigen Tätigkeiten genutzt, um Gewinne aus anderen Tätigkeiten zu kompensieren. Dies soll mit der dargestellten Prüfung unterbunden werden.

Als Folge der Einordnung einer Tätigkeit als Liebhaberei werden weder die Verluste noch die Gewinne steuerlich berücksichtigt. Sollten allerdings konzeptionell länger anhaltende Gewinnphasen eintreten, würde dies wieder für ein Unternehmen mit Gewinnerzielungsabsicht und gegen die Liebhaberei sprechen.

## Buchführungspflichten

Gesetzliche Buchführungsverpflichtungen sind beispielsweise im Handelsgesetzbuch verortet (§§ 238, 242 HGB). Diese betreffen jeden Kaufmann. Die steuerrechtliche folgt der handelsrechtlichen Buchführungspflicht, d. h. jeder, der aus handelsrechtlichen oder sonstigen Gesetzen zur Buchführung verpflichtet ist, ist es auch aus steuerrechtlichen Gesichtspunkten.

Zusätzlich zu dieser handelsrechtlichen Buchführungspflicht gibt es noch eine steuerrechtliche Buchführungspflicht aus § 141 der Abgabenordnung (AO). Diese trifft zum Beispiel gewerbliche Unternehmen, die zwar handelsrechtlich nicht zur Buchführung verpflichtet sind, die aber einen Umsatz von mehr als 600.000 Euro pro Kalenderjahr oder einem Gewinn von mehr als 60.000 Euro pro Wirtschaftsjahr erzielen.

In den meisten Fällen ist das Wirtschaftsjahr des Unternehmens mit dem Kalenderjahr identisch. Nur in besonderen Branchen – z. B. bei Saisonproduktion – kann eine Abweichung sinnvoll sein.

Sondervorschriften gibt es für Land- und Forstwirtschaft. Freie Berufe sind weder steuerrechtlich noch handelsrechtlich zur Buchführung verpflichtet.

## Nutzungsdauer und Abschreibung

Unter dem Begriff der Abschreibung wird im Regelfall die sogenannte Absetzung für Abnutzung (abgekürzt AfA) verstanden. Es ist dabei zwischen Gebäudeabschreibungen und Abschreibungen von anderen abnutzbaren Wirtschaftsgütern, wie z. B. Maschinen oder Kfz zu unterscheiden. Die nachfolgenden Ausführungen beziehen sich auf die Abschreibungen von abnutzbaren Wirtschaftsgütern, die sich erfahrungsgemäß auf eine betriebliche Nutzung von mehr als einem Jahr erstreckt.

Warum ist das so? Ein Wirtschaftsgut des Anlagevermögens beeinflusst den Wert des Unternehmens – je neuer und teurer das Wirtschaftsgut ist, desto höher ist das Anlagevermögen. Sobald das Wirtschaftsgut genutzt wird, verliert es an Wert, bis es irgendwann wertlos oder defekt ist und am Ende seines Lebens den Betrieb wieder verlässt. Daher werden die Anschaffungs- oder Herstellungskosten auf den Zeitraum der Nutzung (Nutzungsdauer) verteilt. Dieser Werteverlust über mehrere Wirtschaftsjahre wird also buchhalterisch erfasst. Er wird dann jeweils als Aufwand/ Betriebsausgabe gebucht.

Dabei wird die Wertminderung eines betrieblichen Wirtschaftsguts nach einer festen Methode über die betriebsgewöhnliche Nutzungsdauer verteilt. Diese Art der Abschreibung führt dazu, dass z. B. der Wert einer über mehrere Jahre nutzbaren betrieblichen Maschine in jedem Jahr mit einem verminderten Wert in das Betriebsvermögen eingeht und somit der Werteverzehr berücksichtigt wird. Oder anders ausgedrückt: Das Betriebsvermögen vermindert sich jedes Jahr um einen Teilbetrag der Anschaffungs- oder Herstellungskosten der Maschine. Diese Abschreibung minimiert daher in Höhe der jährlichen Abschreibung den Gewinn.

Bei Unternehmen, die zum Vorsteuerabzug berechtigt sind, zählt die Umsatzsteuer nicht zu den Anschaffungs- oder Herstellungskosten, es wird also vom Nettoanschaffungswert des Gegenstands abgeschrieben.

Ist das gerecht? Ja. Betriebliche Gegenstände, die im Betrieb länger als ein Jahr verwendet werden, haben einen betrieblich nutzbaren Wert über das Anschaffungsjahr hinaus. Insoweit ist es sachgerecht, dass die Anschaffungs- oder Herstellungskosten auch über mehrere Jahre verteilt werden.

Die vom Bundesministerium der Finanzen herausgegebenen AfA-Tabellen dienen als Hilfsmittel, um die Nutzungsdauer von Anlagegütern zu schätzen. Sie sind allgemein anerkannt, da sie sich an Erfahrungswerten der Finanzverwaltung orientieren und haben keinen Rechtsnormcharakter. Gegenbeweise aufgrund der Besonderheit der betrieblichen Verwendung sind möglich.

Die AfA-Tabellen sind außerdem ein Instrumentarium, um die Gestaltungsmöglichkeiten bei der Bilanzierung und die Investitionspraxis von Unternehmen zu beeinflussen.

### *Nutzungsdauern nach AfA-Tabelle*

*Beispielhaft werden die Nutzungsdauern (und damit Abschreibungsdauern) einiger betrieblicher Wirtschaftsgüter nach den AfA-Tabellen genannt:*

- *Pkw 6 Jahre*
- *Motorrad, Motorroller, Fahrrad 7 Jahre*
- *PC, Notebooks, Peripheriegeräte (z. B. Drucker, Scanner, Bildschirme) 3 Jahre*
- *Mobiltelefon 5 Jahre*
- *Ladeneinrichtungen 8 Jahre*
- *Büromöbel 13 Jahre*

## Lineare Abschreibung

Die lineare AfA bezeichnet die Absetzung für Abnutzung in gleichen Jahresbeträgen.

Hierbei werden die Anschaffungskosten (bzw. Herstellungskosten bei eigener Herstellung) in gleichmäßigen Anteilen auf die betriebsgewöhnliche Nutzungsdauer verteilt. Werden beispielsweise Büromöbel für 6.000 Euro angeschafft, ergibt sich eine jährliche Abschreibung in Höhe von 1/13, d. h. 462 Euro.

Im ersten Jahr erfolgt die Abschreibung anteilig entsprechend dem tatsächlichen Anschaffungszeitpunkt, wobei aber der Monat der Anschaffung noch vollständig mitgerechnet wird.

Werden also die Möbel am 30.9. eines Jahres angeschafft, so errechnet sich für dieses Jahr die Abschreibung auf 4/12 der jährlichen linearen AfA.

### Lineare AfA

*Melissa, die Schwester von Martina aus Mannheim betreibt ein Restaurant. Sie ist zum Vorsteuerabzug berechtigt. Ihr*

*Wirtschaftsjahr(WJ) entspricht dem Kalenderjahr. Für den Betrieb des Restaurants benötigt sie einen neuen Pkw, den sie am 17. Mai 2017 für 48.000 zzgl. Umsatzsteuer erwirbt. Der Nutzungszeitraum eines Pkws nach AfA-Tabelle beträgt 6 Jahre.*

*Die lineare Abschreibung ermittelt sich wie folgt.*

| Berechnung | Euro | |
|---|---|---|
| Anschaffungskosten Pkw ohne Um-satzsteuer | | 48.000 |
| Abschreibung 2017 8.000 Euro/12*8 Monate = 5.333 | 5.333 | |
| Abschreibung 2018-2022 5 Jahre je 8.000 Euro | 8.000 | |
| Abschreibung 2023 8.000 Euro/12*4 Monate = 2.667 | 2.667 | |
| Summe aller Abschreibungen | | 48.000 |

## Degressive Abschreibung

Die degressive Abschreibung ist eine Abschreibung in fallenden Jahresbeträgen, die für Wirtschaftsgüter gilt, die zwischen dem 31.12.2008 und dem 1.1.2011 angeschafft worden sind. Der AfA-Betrag konnte bei diesen Gütern statt linear auch degressiv, d.h. nach einem unveränderlichen Prozentsatz des jeweiligen Restbuchwertes, erfolgen.

Dabei ist die Abschreibung am Anfang der Abschreibungszeit regelmäßig höher (z.B. zweifacher, zweieinhalbfacher oder dreifacher Satz der linearen AfA – je nach gesetzgeberischer Ausgestaltung), dieser Effekt verliert sich jedoch im Laufe der Abschreibungsphase, da nicht der Anschaffungswert des Gegenstands als Referenz gewählt wird, sondern der jeweilige Restbuchwert des Gegenstands.

Derzeit ist die degressive Abschreibung für neu angeschaffte Wirtschaftsgüter nicht zugelassen. In der Vergangenheit wurde die degressive Abschreibung aber vielfach ausgesetzt und zu einem anderen Zeitpunkt wieder aufgenommen, um durch die höhere Abschreibung die Investitionsfreudigkeit der Unternehmen zu steigern.

### Degressive Abschreibung

*Warum kann die Einführung einer degressiven Abschreibungsmöglichkeit die Investitionsbereitschaft von Unternehmen positiv beeinflussen?*

*Lösungsvorschlag: Weil eine anfänglich höhere Abschreibung als Aufwand den Unternehmensgewinn mindert. Dieser Effekt wird von der Geschäftsführung häufig als positiv wahrgenommen und erhöht daher die Investitionsbereitschaft.*

## Leistungsabschreibung

Bei der Leistungsabschreibung wird nicht wie bei der linearen oder degressiven Abschreibung ein feststehender Prozentsatz abgeschrieben. Stattdessen bemisst sich die Abschreibung nach dem auf das einzelne Jahr entfallenden Umfang der Leistung im Verhältnis der gesamten Leistungskapazität.

Diese Art der Abschreibung ist dann möglich, wenn dies wirtschaftlich begründet ist, d. h. wenn die Leistung des betrieblichen Wirtschaftsguts von Jahr zu Jahr erheblich schwankt und damit auch der Werteverzehr von Jahr zu Jahr wesentliche Unterschiede aufweist.

Zu nennen sind hier z. B. erhebliche Schwankungen bei der Nutzung von Kraftfahrzeugen, Produktions- oder Ernte-maschinen. Bei der Berechnung eine Angabe über die zu erwartende Gesamtleistung des Wirtschaftsguts ist eine Gesamtlebensdauer in messbaren Einheiten, z. B. Kilometer, Arbeitsstunden, Produktionsstücke etc. notwendig. Derartige Angaben erhält das Unternehmen von den Herstellern.

Der prozentuale Anteil der jährlichen Einzelleistung an der erwarteten Gesamtleistung ergibt den Abschreibungswert.

### Leistungsabschreibung

*Mohammed, der BWL-Absolvent und beste Freund von Martina aus Mannheim betreibt erfolgreich ein Speditionsunternehmen, das wöchentlich in Richtung Südeuropa fährt. Das Wirtschaftsjahr (WJ) entspricht dem Kalenderjahr. Er kauft im Jahr 01 einen Lkw für 90.000 Euro zzgl. Umsatzsteuern. Die betriebsgewöhnliche Nutzungsdauer laut AfA-Tabelle beträgt neun Jahre, die Gesamtkilometerleistung gibt der Hersteller mit 1,5 Mio. km an. Mohammed entscheidet sich aufgrund der wirtschaftlich bedingten Schwankungen im Speditionsgeschäft für die Leistungsabschreibung.*

*Die Aufträge schwanken jährlich stark, so dass der Lkw im ersten Wirtschaftsjahr bereits 150.000 km, im Jahr 02 jedoch aufgrund des strengen Winters nur 50.000 km gefahren ist. Das Wirtschaftsjahr 03 war ein voller Erfolg für das Unternehmen und der Lkw hat 200.000 km zurückgelegt.*

*Die Abschreibung für die ersten drei Wirtschaftsjahre ermittelt sich wie folgt.*

| Berechnung der Leistungsabschreibung | Leistung |
|---|---|
| WJ 01: 150.000/1,5 Mio.*90.000 | 9.000 |
| WJ 02: 50.000/1,5 Mio.*90.000 | 3.000 |
| WJ 03: 200.000/1,5 Mio.*90.000 | 12.000 |

*An dem obigen Beispiel ist zu erkennen, dass sich die Leistungsabschreibung immer nach der tatsächlichen Abnutzung des Wirtschaftsguts richtet.*

*Sobald der Lkw mehr als 1/9 der Gesamtleistung pro Jahr zurücklegt, ist die Leistungsabschreibung in diesem Wirtschaftsjahr höher als die lineare Abschreibung. Ist die tatsächliche Nutzung niedriger als 1/9 der Gesamtleistung, so ist die Abschreibung in diesem Wirtschaftsjahr niedriger als eine lineare Abschreibung.*

## Vergleich der Abschreibungsarten

Vergleichend können die Abschreibungsarten anhand des nachfolgenden Beispiels betrachtet werden:

Das Unternehmen U schafft eine mobile Hobelmaschine mit einer an genommenen betriebsgewöhnlichen Nutzungsdauer von neun Jahren zum Preis von 100.000 Euro an. Die Leistung der Maschine ist seitens der Herstellerin auf 1.000.000 Leistungseinheiten (z. B. Stunden / Tage / Einsätze / Stromeinheiten / Verbrauchseinheiten) ausgerichtet.

Davon werden voraussichtlich im ersten Jahr 20 %, im zweiten Jahr 5 %, in den Jahren drei bis sechs je 10 %, in den Jahren sieben und acht je 5 %, im Jahr neun 25 % verbraucht.

Es wird davon ausgegangen, dass die degressive Abschreibung in Höhe des zweieinhalbfachen linearen Abschreibungssatzes, maximal 25 % zulässig ist (§ 7 Absatz 2 EStG in der Fassung bis 31.12.2010).

Der lineare AfA-Satz beträgt 11,11 % (9/100), der degressive Satz ermittelt sich aus 2,5 x 11,11 % = 27,78 %, maximal aber 25 %, so dass hier 25 % zugrunde zu legen sind. Die Leistungsabschreibung wird individuell für jedes Jahr nach den tatsächlichen Verbrauchseinheiten berechnet.

In der ersten Spalte sind jeweils die Wirtschaftsjahre 01 bis 09 ausgewiesen, in den weiteren drei Spalten sind die Abschreibungsmöglichkeiten im Vergleich aufgeführt.

| WJ 01-09 | Linear (11,11 %) | Degressiv (25 %) | Leistung |
|---|---|---|---|
| **AK** | **100.000** | **100.000** | **100.000** |
| AfA WJ 01 | 11.111 | 25.000 | 20.000 |
| **RW** | **88.889** | **75.000** | **80.000** |
| AfA WJ 02 | 11.111 | 18.750 | 5.000 |
| **RW** | **77.778** | **56.250** | **75.000** |
| AfA WJ 03 | 11.111 | 14.063 | 10.000 |
| **RW** | **66.667** | **42.187** | **65.000** |
| AfA WJ 04 | 11.111 | 10.547 | 10.000 |
| **RW** | **55.556** | **31.640** | **55.000** |
| AfA WJ 05 | 11.111 | 7.910 | 10.000 |

| WJ 01-09 | Linear (11,11 %) | Degressiv (25 %) | Leistung |
|----------|------------------|------------------|----------|
| **RW** | **44.445** | **23.730** | **45.000** |
| AfA WJ 06 | 11.111 | 5.933 | 10.000 |
| **RW** | **33.334** | **17.797** | **35.000** |
| AfA WJ 07 | 11.111 | 4.449 | 5.000 |
| **RW** | **22.223** | **13.348** | **30.000** |
| AfA WJ 08 | 11.111 | 3.337 | 5.000 |
| **RW** | **11.112** | **10.011** | **25.000** |
| AfA WJ 09 | 11.112 | 10.011 | 25.000 |
| | **0** | **0** | **0** |

Hinweis:
AK = Anschaffungskosten;
AfA = Abschreibung;
WJ = Wirtschaftsjahr
RW = Restwert

An dem Beispiel ist zu erkennen, dass die degressive Abschreibung in den ersten drei Jahren höhere Abschreibungen als die lineare Abschreibung zeigt, danach sinkt die degressive AfA unter den linearen Wert. Im letzten Jahr verbleibt eine größere Summe als Restabschreibung. Die degressive Abschreibung ist derzeit nicht zulässig.

Die Leistungsabschreibung ist aufgrund ihrer individuellen Anknüpfung an die tatsächliche Nutzungsintensität nicht mit den anderen beiden Abschreibungsarten vergleichbar.

*Vergleich der Abschreibungsarten*

*Ist die degressive Abschreibung am Ende höher als die lineare Abschreibung oder die Leistungsabschreibung?*

*Lösungsvorschlag: nein, ein Wirtschaftsgut wird unabhängig von der Art der Abschreibung am Ende der Abschreibungszeit zu 100 % abgeschrieben sein. Die Art der Abschreibung beeinflusst lediglich die Verteilung der Abschreibungsbeträge auf verschiedene Jahre.*

## Geringwertige Wirtschaftsgüter

Geringwertige Wirtschaftsgüter sind abnutzbare bewegliche Wirtschaftsgüter des Anlagevermögens, die selbständig genutzt werden können. § 6 Abs. 2 S. 2 EStG drückt dies etwas komplizierter im Wege einer Negativabgrenzung aus:

*„Ein Wirtschaftsgut ist einer selbständigen Nutzung nicht fähig, wenn es nach seiner betrieblichen Zweckbestimmung nur zusammen mit anderen Wirtschaftsgütern des Anlagevermögens genutzt werden kann und die in den Nutzungszusammenhang eingefügten Wirtschaftsgüter technisch aufeinander abgestimmt sind."*

Das heißt für Nichtfachleute ausgedrückt: Es handelt sich um solche Gegenstände, die eine eigene Funktionsmöglichkeit unabhängig von anderen Gegenständen haben, also nicht Teil eines Funktionszusammenhangs sind, wie z. B. die eingebaute Festplatte oder die Steuerungseinheit eines Kompressors.

Zu GWG zählen daher insbesondere kleinere Maschinen, Messgeräte, Fax, Kopierer, All-In-One-Geräte, Radio, Fernseher, Mobiltelefon, Autotelefon, Europaletten, Möbel, Notfallkoffer etc. Nicht einzeln nutzbar sind Teile einer Computeranlage wie Server, Monitor, Scanner, Tastatur, Maus. An dieser Aufstellung ist erkennbar, dass die Grenze der (zumindest teilweise) eigenständigen Nutzbarkeit nicht immer ganz leicht zu bestimmen ist.

Die Vorschriften für Geringwertige Wirtschaftsgüter gelten sowohl für bilanzierende Unternehmen als auch für die Einnahmenüberschussrechnung.

Der Gesetzgeber sieht für die geringwertigen Wirtschaftsgüter zwei Abschreibungsmöglichkeiten nach Wahl vor, nämlich die

- GWG-Sofortabschreibung und den sog.

- Sammelposten.

Unabhängig von den beiden genannten Möglichkeiten können Aufwendungen bis 150 Euro (ohne Umsatzsteuer) im maßgeblichen Wirtschaftsjahr immer in voller Höhe gemäß § 6 Abs. 2 EStG als Betriebsausgabe gewinnmindernd abgezogen werden.

Für Aufwendungen von mehr als 150 Euro und nicht mehr als 410 Euro besteht ein Wahlrecht.

Sie können entweder in voller Höhe nach 6 Abs. 2 EStG als Betriebsausgaben abgezogen werden oder aber in einem Sammelposten erfasst werden.

Aufwendungen von mehr als 150 Euro und nicht mehr als 1.000 Euro können in einem Sammelposten erfasst werden (§ 6 Abs. 2a EStG).

Das Gesetz sieht beide Möglichkeiten als „Kann"-Möglichkeiten vor. Es handelt sich daher um Berechtigungen, nicht hingegen um Verpflichtungen. Ein Gegenstand von geringem Wert kann auch über mehrere Jahre unter Berücksichtigung der AfA-Tabelle abgeschrieben werden, üblich ist dies jedoch nicht, da der buchhalterische Aufwand hoch und der Nutzen bei einem gewinnbringenden Unternehmen gering ist.

Die Wahl zwischen der GWG-Sofortabschreibung und die Bildung des Sammelpostens (auch Poolabschreibung genannt) ist einheitlich für alle im Wirtschaftsjahr angeschafften oder hergestellten Wirtschaftsgüter zwischen 150 Euro und 1.000 Euro zu treffen. Dies wird als wirtschaftsjahrbezogenes Wahlrecht bezeichnet, § 6 Abs. 2a S. 5 EStG.

Wer die Wahl hat, hat die Qual! Um zu entscheiden, welches die günstigste Abschreibungsart ist, sollten Sie sich zunächst einen Überblick über alle im Wirtschaftsjahr angeschafften Wirtschaftsgüter des Anlagevermögens bis 1.000 Euro verschaffen.

Sodann können Sie anhand der Vergleichsberechnung die für Sie günstige Abschreibungsform ermitteln.

---

### Auf den Punkt gebracht

### Geringwertige Wirtschaftsgüter

Für geringwertige Wirtschaftsgüter gibt es zwei verschiedene Möglichkeiten der Abschreibung, nämlich die GWG-Sofortabschreibung im Jahr der Anschaffung oder aber die Einstellung in einen Sammelposten, der verschiedene Wirtschaftsgüter zusammenfasst, die einheitlich über fünf Jahre linear abgeschrieben werden.

## Sammelposten / Poolabschreibung

Der sogenannte Sammelposten (auch Poolabschreibung genannt) ist kein Wirtschaftsgut, sondern eine Rechengröße als Alternative zu der Absetzung für Abnutzung.

Betragen die Anschaffungskosten mehr als 150 Euro ohne Umsatzsteuer, aber maximal 1.000 Euro ohne Umsatzsteuer, können sie in einem Sammelposten zusammengefasst und einheitlich über fünf Jahre mit jeweils 20 % pro Jahr abgeschrieben werden (§ 6 Abs. 2a S. 2 EStG). Auf die tatsächliche Nutzungsdauer nach der Abschreibungstabelle kommt es dann nicht an. Eine zeitanteilige Abschreibung im Anschaffungsjahr nach Monaten erfolgt nicht, ferner ist eine vorzeitige Vollabschreibung bzw. Verminderung des Sammelpostens beispielsweise wegen Verlust, Diebstahls oder Defektes eines Wirtschaftsgutes nicht möglich, § 6 Abs. 2a S. 3 EStG.

Bei langlebigen Wirtschaftsgütern mit mehr als fünf Jahren Nutzungsdauer führt die Aufnahme in den Abschreibungspool zu einer früheren Vollabschreibung als bei der regulären AfA. Bei Wirtschaftsgütern mit einer betriebsgewöhnlichen Nutzungsdauer von weniger als fünf Jahren (z. B. Notebook) führt die Poolabschreibung sogar zu einer längeren Abschreibungszeit als die lineare Abschreibung.

## GWG-Sofortabschreibung

Abnutzbare bewegliche Wirtschaftsgüter bis 410 Euro können nach Wahl des Unternehmers auch sofort abgeschrieben werden. Beträgt der Nettopreis zwischen 150 Euro und 410 Euro sind die Wirtschaftsgüter unter Angabe des Tags der Anschaffung, Herstellung oder Einlage in einem laufend zu führenden Verzeichnis zu erfassen, es sei denn, dass diese Angaben sind aus der Buchführung ersichtlich sind (§ 6 Abs. 2 S. 5 EStG).

Ein Wechsel zwischen den Abschreibungsmethoden ist nicht zulässig.

Das bedeutet: Wird die Bildung des Sammelpostens gewählt, so gilt das Verfahren für alle angeschafften geringwertigen Wirtschaftsgüter eines Jahres zwischen 150 bis 1.000 Euro und ist für alle diese Güter einheitlich anzuwenden.

Wird dagegen vom Unternehmer die Sofortabschreibung gewählt, so werden die Wirtschaftsgüter bis 410 Euro sofort abgeschrieben und die Wirtschaftsgüter über 410 Euro werden mittels Regelabschreibung auf die voraussichtliche Nutzungsdauer abgeschrieben.

### Beispiele und Übungen

*Wie eine Abwägung erfolgen kann, zeigt folgendes Beispiel: In einem Unternehmen werden in einem Jahr mehrere geringwertige selbständig nutzbare Wirtschaftsgüter angeschafft. Es handelt sich um einen Personalcomputer (AK: 400 Euro, ND: 3 Jahre), ein Notebook (AK: 400 Euro, ND: 3 Jahre), einen Kopierer (AK: 700 Euro, ND: 7 Jahre), einen Kühlschrank (AK: 1.000 Euro, ND: 10 Jahre), einen Schredder (AK: 600 Euro, ND: 6 Jahre), ein Handy (AK: 200 Euro, ND: 5 Jahre), insgesamt also 3.300 Euro.*

| Art | Abschreibung in Euro pro Jahr | | | | |
|-----|-------|------|------|------|------|
| Jahr | **1.** | **2.** | **3.** | **4.** | **5.** |
| Pool | 660 | 660 | 660 | 660 | 660 |
| GWG | 1.300 | 300 | 300 | 300 | 300 |

| Art | Abschreibung in Euro pro Jahr | | | | |
|-----|-----|-----|-----|-----|-----|
| Jahr | **6.** | **7.** | **8.** | **9.** | **10.** |
| Pool | 0 | 0 | 0 | 0 | 0 |
| GWG | 300 | 200 | 100 | 100 | 100 |

Zur Berechnung der Poolabschreibung wird die Gesamtsumme der Wirtschaftsgüter unabhängig von ihrer betriebsgewöhnlichen Nutzungsdauer über fünf Jahre gleichmäßig, d. h. mit 20 % abgeschrieben. Bei der GWG-Abschreibung werden die Wirtschaftsgüter bis 410 Euro sofort abgeschrieben. Die Wirtschaftsgüter, deren Anschaffungs- oder Herstellungskosten 410 Euro übersteigen, werden nach ihrer betriebsgewöhnlichen Nutzungsdauer gleichmäßig abgeschrieben.

An dieser Berechnung ist zu erkennen, dass die Abschreibungsmethoden zu gänzlich anderen Gewinnauswirkungen führen, so dass dadurch der Gewinn der unternehmerischen Tätigkeit gestaltet und mithin die Liquidität beeinflusst werden kann.

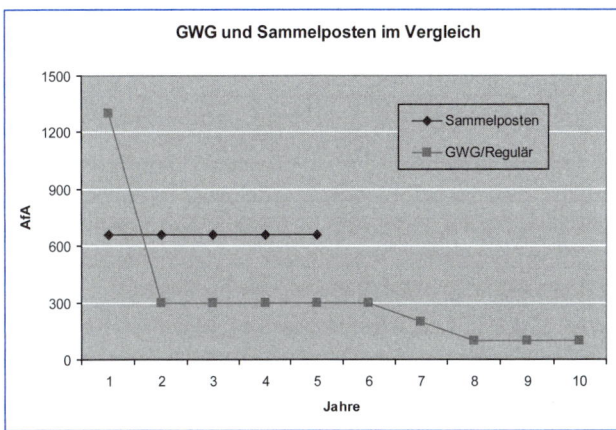

*Quelle: de Hesselle, Das deutsche Steuerrecht (2011), S. 56*

Bei Einkünften aus nichtselbständiger Arbeit, Vermietung und Verpachtung und Kapitalvermögen (also die Überschusseinkünfte) können geringwertige Wirtschaftsgüter bis zu einem Nettoanschaffungswert von 410 Euro im ersten Jahr voll abgeschrieben werden. Darüber hinaus erfolgt die reguläre lineare Abschreibung. Die Regelungen zum Sammelposten und das Wahlrecht gelten hier nicht.

## *Poolabschreibung oder GWG*

| Wirtschaftsgüter (in Euro) | |
|---|---|
| ≤ 150 | Sofortabschreibung im Jahr der Anschaffung unabhängig von der Wahl |
| | |
| Einheitliche Wahl für alle angeschafften Wirtschaftsgüter in einem Wirtschaftsjahr | |
| > 150 ≤ 410 | GWG Sofortabschreibung möglich |
| Wenn GWG Sofortabschreibung gewählt wird, dann werden die weiteren Wirtschaftsgüter des Anlagevermögens linear oder nach Leistung über die Nutzungsdauer abgeschrieben. Die Wahl gilt für jeweils ein Wirtschaftsjahr. | |
| | |
| > 150 ≤ 1.000 | Poolabschreibung möglich |
| Einheitliche Ausübung des Wahlrechtes für alle in Betracht kommenden Wirtschaftsgüter des Wirtschaftsjahres. Wenn Poolabschreibung gewählt wird, dann ist daneben die GWG-Sofortabschreibung nicht möglich. Die Wahl gilt für jeweils ein Wirtschaftsjahr. | |
| ≥ 1.000 | Lineare Abschreibung oder Leistungsabschreibung unabhängig von der Wahl bei geringwertigen Wirtschaftsgütern. |

## Investitionsabzug und Sonderabschreibung

Für kleine und mittlere Unternehmen gibt es weitere Möglichkeiten, die Steuerlast zu gestalten.

Kleine und mittlere Unternehmen sind z. B. Gewerbebetriebe oder Selbständige, deren Betriebsvermögen nicht über

235.000 Euro liegt, bzw. der Gewinn – sofern sie ihren Gewinn nach der Einnahmenüberschussrechnung ermitteln – maximal 100.000 Euro beträgt, vgl. § 7 g Abs. 1 EStG.

Zur Förderung von solchen kleinen und mittleren Unternehmen kommen der Investitionsabzugsbetrag sowie auch Sonderabschreibungen infrage.

## Investitionsabzugsbetrag

Sofern das Unternehmen plant, in den folgenden drei Jahren ein abnutzbares bewegliches Wirtschaftsgut anzuschaffen (z. B. Maschinen, Büromöbel, Computer etc.) kann bereits vor Anschaffung ein Investitionsabzugsbetrag in Höhe von 40 % der voraussichtlichen Anschaffungskosten gewinnmindernd angesetzt werden, § 7 g Abs. 2 und Abs. 3 EStG. Die Summe der gesamten Investitionsabzugsbeträge je Betrieb ist jedoch auf 200.000 Euro (Summe aus den drei vorangegangenen Jahren und dem Jahr des beabsichtigten Abzugs) beschränkt. Der Investitionsabzugsbetrag wirkt also im Jahr der Ansparung als Abzugsposten gewinnmindernd.

Im Jahr der Anschaffung des Wirtschaftsgutes, für das zuvor der Investitionsabzugsbetrag geltend gemacht worden ist, ist dieser „angesparte" Betrag wieder dem Gewinn hinzuzurechnen, d. h. er wirkt im Jahr der Anschaffung gewinnerhöhend. Gleichzeitig mindert aber die lineare AfA für das Wirtschaftsgut den Gewinn wieder.

Der Effekt ist leicht zu erklären: Vor der Anschaffung kann durch den Investitionsabzugsbetrag der Gewinn des Unternehmens gemindert werden, was im Regelfall zu einer geringeren Einkommensteuer führt und daher Liquiditätsreserven schafft. Im Jahr der Anschaffung erhöht der zuvor geminderte Betrag die Bemessungsgrundlage für die weiteren Abschreibungen.

Im Ergebnis eröffnet diese Vorschrift einen gestalterischen Spielraum für kleine und mittlere Unternehmen.

## Sonderabschreibungen

Kleine und mittlere Unternehmen können im Jahr der Anschaffung von Wirtschaftsgütern und in den vier folgenden Jahren neben der Absetzung für Abnutzung (AfA) insgesamt 20 % als Sonderabschreibungen geltend machen.

### Sonderabschreibung

*Wir schreiben das Jahr 2017. Maria Magdalena betreibt ein Sportgeschäft in der Bremer Innenstadt und erfüllt die zuvor genannten Betriebsgrößenmerkmale eines mittleren Betriebs. Sie beabsichtigt spätestens im Kalenderjahr 2020 ein Teil der Ladeneinrichtung mit neuen modernen Möbeln auszustatten (Nutzungsdauer 8 Jahre). Diese kosten 48.000 Euro netto.*

*Bereits im Jahr 2017 kann sie maximal einen Investitionsabzugsbetrag von 40 % der voraussichtlichen Anschaffungskosten, d. h. 19.200 Euro gewinnmindernd ansetzen. Im Jahre der Anschaffung, d. h. 2020 würden diese 19.200 Euro wieder gewinnerhöhend aufgelöst werden. Allerdings kann sie im Jahr 2020 eine Sonderabschreibung in Höhe von maximal 9.600 Euro vornehmen sowie die lineare Abschreibung in Höhe von 6.000 Euro, also zusammen maximal 15.600 Euro direkt im ersten Jahr geltend machen.*

## Privatnutzung Betriebs-Pkw

Ein immer wieder interessantes und kontrovers diskutiertes Thema ist die Versteuerung des geldwerten Nutzungsvorteils, der aus der privaten Nutzung eines betrieblichen Pkw erwächst.

Oder anders ausgedrückt: Wenn Sie einen betrieblichen Pkw auch privat nutzen, hat dies zur Folge, dass einerseits die gesamten anfallenden Kosten (auch die für die Privatnutzung) als Betriebsausgaben angesetzt werden können, andererseits ist aber der geldwerte Vorteil, den Sie aus dieser privaten Nutzung ziehen, zu versteuern.

Die Führung von Fahrtenbüchern ist in der Umsetzung mit zahlreichen Fehlerquellen und Risiken der steuerlichen Anerkennung behaftet, so dass viel für eine Pauschalversteuerung des Privatanteils spricht. Dabei ist der tatsächliche private Nutzungsumfang unerheblich, solange der Pkw zu mehr als 50 % betrieblich genutzt wird.

Im diesem Zusammenhang stellt sich auch die Frage, ob es besser ist, einen Neu- oder einen Gebrauchtwagen für den Betrieb anzuschaffen.

Warum gibt es eigentlich die Privatnutzungsversteuerung? Die Antwort ist einfach. Sofern ein Pkw zum Betriebsvermögen gehört, sind sämtliche damit in Zusammenhang stehende Aufwendungen betriebliche Aufwendungen und fließen als Betriebsausgabe als Abzugsposten in die Gewinnermittlung ein. Bei einer privaten Mitbenutzung beinhaltet dies auch die Kosten, die sich aus der privaten Nutzung ergeben, seien es Benzinkosten oder aber auch Wartung und Reparatur.

Dabei ist unerheblich, ob einer Mitarbeiterin oder einem Mitarbeiter ein betrieblicher Pkw (Dienstwagen) zur privaten Nutzung überlassen ist oder aber ob diese private Nutzung die Unternehmerin bzw. den Unternehmer selbst begünstigt.

Der Privatnutzungsvorteil ist – sofern kein ordnungsgemäßes Fahrtenbuch geführt wird – nach der so genannten 1 %-Regelung zu versteuern. Dies bedeutet, dass ein pauschaler Ausgleich geschaffen wird, indem die/der Begünstigte für jeden Nutzungsmonat 1 % des inländischen Listenneupreises im Zeitpunkt der Erstzulassung zuzüglich der Kosten für die Sonderausstattung einschließlich der Umsatzsteuer zu versteuern hat, § 6 Abs. 1 Nr. 4 EStG. Für Elektrofahrzeuge gelten Sonderregelungen.

### 1 %-Pauschale

*Melina, die italienische Ehefrau von Mohammed, ist ebenfalls selbständig und führt einen Reifenhandel. Sie nutzt ihren im Januar 2017 erworbenen Betriebs-Pkw zu mehr als 50 % betrieblich aber auch privat. Der Neupreis betrug 52.000 Euro zzgl. USt. Hinzu kamen noch ein fest installiertes Navigationssystem für 2.000 Euro, ein Park & Control-System für 3.000 Euro sowie Sonderlackierung für 1.800 Euro jeweils zzgl. Umsatzsteuer.*

*Der zu versteuernde Privatnutzungsanteil für 2017 errechnet sich wie folgt:*

| | Euro |
|---|---|
| *Anschaffungskosten* | *52.000* |
| *Sonderausstattung* | *6.800* |
| *zzgl. 19 % USt auf 58.800 Euro* | *11.172* |

| | Euro |
|---|---|
| *Summe* | *69.972* |
| *davon 1 % (gerundet)* | *700* |
| *x 12 Monate = zu versteuernder Privatnutzungsanteil 2017* | *8.400* |

*Diesen Betrag hat Melina für 2017 und alle Folgejahre zusätzlich zu versteuern. Würde sie diesen Pkw als Gebrauchtwagen erst 2018 erwerben zum Preis von insgesamt 45.000 Euro inkl. Sonderausstattung, so würde sie trotz des niedrigeren Kaufpreises den gleichen Privatnutzungsanteil versteuern müssen, da es sich um eine Listenneupreisbetrachtung zum Zeitpunkt der Erstzulassung des Pkw handelt. Der tatsächliche Kaufpreis ist daher für die steuerliche Betrachtung irrelevant.*

Und das bedeutet:

### Privatnutzung Betriebs-Pkw

Je niedriger der Listenneupreis sowie der Preis der Sonderausstattung des Pkw zum Zeitpunkt der Erstzulassung, desto geringer ist der zu versteuernde Betrag für die Privatnutzung des betrieblichen Pkw.
„Klein ist fein!"

Diese Regelung findet mittlerweile auch auf die Privatnutzung von betrieblichen Fahrrädern, sowie auf E-Bikes und Pedelecs Anwendung.

# … für Nichtselbständige

Einkünfte aus nichtselbständiger Arbeit sind definiert als der „Überschuss der Einnahmen über die Werbungskosten". Die genaue Berechnung erfolgt in der Überschussermittlung. Als Einnahmen zählen sowohl Gehälter als auch sonstige Vorteile aus dem Arbeitsverhältnis, wie Prämien, Sachbezüge, private Dienstwagenbenutzung, etc.). Die private Dienstwagenbenutzung führt zu der Anwendung der 1 %-Regelung (s. S. 61).

Werbungskosten werden durch einen im Einkommensteuergesetz vorgegebenen engen Begriff definiert. Es sind Aufwendungen zur Erwerbung, Sicherung und Erhaltung der Einnahmen, so z. B. Beiträge zu Berufsverbänden, Aufwendungen zwischen Wohnung und Arbeitsstätte, Mehraufwendungen für doppelte Haushaltsführung, Arbeitsmittel o. ä.

## Werbungskosten

Ohne Nachweise wird nach § 9a EStG der Arbeitnehmer-Pauschbetrag von 1.000 Euro pro Kalenderjahr bei den Einkünften aus nichtselbständiger Tätigkeit gewährt.

Es kommt aber auch nicht selten vor, dass die o. g. 1.000 Euro Werbungskostenpauschbetrag überschritten werden. Insoweit ist eine genaue Prüfung der tätigkeitsbedingten Aufwendungen sinnvoll.

Zu erwähnen sind hier z. B. die

- Aufnahme- und Mitgliedsbeiträge zu Berufsverbänden wie Gewerkschaften, Beamtenbund oder Arbeitnehmerkammern und sonstigen berufsständischen Kammern;

- Entfernungspauschale für die kürzeste Strecke zwischen Wohnung und Arbeitsstätte pro Arbeitstag und Entfernungskilometer 0,30 Euro, maximal 4.500 Euro/Jahr. Sofern ein Pkw für die Fahrt genutzt wird, können auch höhere Kosten angesetzt werden. Es wird nur die einfache Wegstrecke berücksichtigt, d. h. durch die o.g. Pauschale werden die Aufwendungen für die Hin- und Rückfahrt abgegolten;

- Kosten sonstiger beruflicher Fahrten in Höhe von 0,30 Euro/gefahrenem Kilometer;

- Kosten beruflich veranlasster doppelter Haushaltsführung;

- Aufwendungen für Arbeitsmittel wie Werkzeug, Geräte und Maschinen, typische Berufskleidung;

- Fachliteratur oder Fachzeitschriften (keine allgemeinbildenden Zeitschriften);

- Fort- und Weiterbildungskosten;

- Bewerbungskosten.

## Arbeitszimmer

Die Regelungen zum Arbeitszimmer sind wohl für den Betriebsausgabenabzug für Selbständige als auch für den Werbungskostenabzug für Arbeitnehmerinnen und Arbeitnehmer relevant.

Die Kosten eines außerhäuslichen Arbeitszimmers ohne räumliche Verbindung zu Wohnräumen sind immer als Betriebsausgaben bzw. Werbungskosten abziehbar.

Die Kosten eines häuslichen Arbeitszimmers, also mit einer räumlichen Verbindung zum Wohnraum sind dann abzugsfähig, wenn es den Mittelpunkt der gesamten betrieblichen/beruflichen Tätigkeit darstellt.

Sofern es sich zwar nicht um den Mittelpunkt der gesamten betrieblichen/beruflichen Tätigkeit handelt, aber auch kein anderer Arbeitsplatz zur Verfügung steht (z. B. Außendienstmitarbeiter), dann sind die Kosten bis zu 1.250 Euro pro Jahr abzugsfähig. Wenn in diesem Fall auch ein anderer Arbeitsplatz zur Verfügung steht, ist kein Abzug als Betriebsausgaben/Werbungskosten möglich.

Wird ein Arbeitszimmer gemischt genutzt, d. h. nicht unwesentlich z. B. auch als Gäste- oder Haushaltszimmer, so sind die Kosten hierfür insgesamt nicht abzugsfähig. Dies gilt ebenso für eine Arbeitsecke, da derartige Räume schon ihrer Art nach auch privaten Wohnzwecken dienen.

Die Kompliziertheit dieser Vorschriften zeigt, dass eine fachlich kompetente Beratung hierzu angeraten ist.

## Steuerklassen – Faktorverfahren

Nicht verheiratete und nicht verpartnerte Steuerpflichtige erhalten immer den Lohnsteuerabzug nach der Steuerklasse I. Dieser ist so berechnet, dass es bei gleichbleibenden Verhältnissen im Regelfall nicht zu Nachzahlungen kommt.

Anders ist dies bei Verheirateten oder Verpartnerten. Hier sollte ein Augenmerk auf die Steuerklassenwahl gelegt werden.

Während früher bei zusammen veranlagten Paaren die Steuerklassenkombination III/V üblich war, gibt es heute eine sachgerechtere Steuerklassenkombination, nämlich das Faktorverfahren. Das Faktorverfahren hat deutliche Vorteile gegenüber dem früheren III/V-Verfahren, da es einen genauen Lohnsteuerabzug beider Partner ermöglicht, während das Verfahren III/V immer noch mit Schätzungswerten arbeitet. Dadurch ist es nunmehr möglich, die Lohnsteuerzahlungen im Vorhinein bereits sehr genau zu bestimmen, so dass es bei konstanten Lohnverhältnissen am Jahresende im Regelfall nicht zu Nachforderungen kommt.

Bei der Wahl der Steuerklassenkombination sollten sich Ehegatten oder Lebenspartner auch dessen bewusst sein, dass das generierte Nettoeinkommen des Einzelnen (das auch durch die Steuerklassenkombination beeinflusst wird), die Höhe von zukünftigen Lohnersatzleistungen z. B. Arbeitslosengeld I, Unterhaltsgeld, Krankengeld, Versorgungskrankengeld, Verletztengeld, Übergangsgeld, Elterngeld, Mutterschaftsgeld oder auch den Lohnanspruch bei Altersteilzeit mitbestimmt.

Wenn der Bezug einer solchen Leistung im nächsten Kalenderjahr zu erwarten ist, sollte zuvor fachlicher Rat hinsichtlich der Steuerklassenwahl eingeholt werden.

Für Alleinerziehende gibt es die besondere Steuerklasse II, in der der Entlastungsbetrag für Alleinerziehende bereits berücksichtigt ist. In die Steuerklasse VI mit ihren pauschalen hohen Abzügen fällt jede weitere angestellte Tätigkeit neben der Haupttätigkeit.

## Teilzeit und Minijob

Aus Sicht des Steuer- und Sozialversicherungsrechts kann man drei Stufen der Teilzeitarbeit genauer betrachten.

- Minijob bis 450 Euro brutto/Monat (Steuer- und Sozialversicherungsabgaben begünstigt),

- Gleitzone von mehr als 450 Euro brutto/Monat bis 850 Euro brutto/Monat (Sozialversicherungsabgaben begünstigt),

- Regelversteuerung bei mehr als 850 Euro brutto/Monat (Steuer- und Sozialversicherungsabgaben nicht begünstigt).

Eine geringfügige Beschäftigung (Minijob) liegt vor, wenn das regelmäßige Arbeitsentgelt 450 Euro/Monat nicht überschreitet. Entscheidend ist das Jahreseinkommen von 5.400 Euro (inklusive aller Sonderzahlungen wie Weihnachtsgeld oder Urlaubsgeld) unabhängig von der Verteilung auf die einzelnen Monate. Es ist also durchaus möglich, dass ein Arbeitnehmer oder eine Arbeitnehmerin in manchen Monaten 500 Euro verdient, in anderen jedoch nur 400 Euro, ebenfalls kann diese Person das geringfügige Gehalt von insgesamt 450 Euro von mehreren Arbeitgebern nebeneinander erzielen. Ein Minijob kann ferner auch neben einer anderen sozialversicherungspflichtigen Tätigkeit ausgeübt werden.

Die Regelungen zum Minijob haben im Gegensatz zum individuell zu besteuernden Arbeitsverhältnis die Besonderheit, dass die Einkommensteuer sowie auch die Sozialversicherungsabgaben pauschaliert vom Arbeitgeber abgeführt werden (z. B. gewerbliche Arbeitgeber Pauschalabgaben i.H.v. 30 %, private Arbeitgeber Pauschalabgaben i.H.v. 12 %). Dies bedeutet aber keineswegs, dass keine individuelle Versteuerung unter Anwendung der elektronischen Lohnsteuerabzugsmerkmale (ELSTAM), möglich ist. In vielen Fällen – nämlich bei niedrigem Einkommensteuersatz – kann eine Individualversteuerung für beide Vertragsparteien günstiger als eine Pauschalversteuerung auf Minijob-Basis sein.

In den pauschalen Abgaben i.H.v. 30 % für gewerbliche Arbeitgeber sind folgend Beiträge enthalten: 15 % Rentenversicherung, 13 % Krankenversicherung, 2 % pauschale Lohnsteuer, darüber hinaus sind Umlagen zu zahlen (gesetzliche Entgeltfortzahlungsversicherung U1, U2, evtl. Insolvenzgeldumlage). In den pauschalen Abgaben für private Arbeitgeber i.H.v. 12 % sind folgende Beiträge enthalten: 5 % Rentenversicherung, 5 % Krankenversicherung, 2 % pauschale Lohnsteuer, darüber hinaus die o.g. Umlagen U1 und U2. Für die Arbeitnehmerin bzw. den Arbeitnehmer ist das Entgelt in beiden Fällen (gewerblicher oder privater Arbeitgeber) lohnsteuerfrei. Wird ein Minijob neben einer sozialversicherungspflichtigen Beschäftigung ausgeübt, so bleibt der Minijob dennoch sozialversicherungsfrei.

Sofern das Gehalt monatlich zwischen 450,01 Euro und 850,00 Euro beträgt, werden Erleichterungen beim Arbeitnehmeranteil an der Sozialversicherung (von ca. 11 % bis ca. 20 %) gewährt, nicht hingegen beim Arbeitgeberanteil. Einkommensteuerrechtlich erfolgt bei Überschreiten der

450 Euro-Grenze die individuelle Besteuerung des Arbeitslohns. Aufgrund des Grundfreibetrags von 8.820 Euro/Jahr (2017) für jede erwachsene Person und dem Kinderfreibetrag von 3.678 Euro/Jahr je Elternteil ist bei Einkünften innerhalb der Gleitzone häufig keine Einkommensteuer zu zahlen. Aus Sicht des Arbeitnehmers ist die Pauschalbesteuerung eines sog. Minijobs nicht immer sinnvoll, z.B. dann nicht, wenn der individuelle Einkommensteuersatz niedriger ist. Aus Sicht des Arbeitgebers ist immer die Frage zu stellen, ob eine Regelversteuerung auch eines geringen Arbeitslohns eventuell günstiger ist als die Pauschalabgaben.

Die Regelungen zur Gleitzone sind anwendbar, wenn entweder eine Tätigkeit oder aber mehrere Minijobs insgesamt zum Überschreiten der 450-Euro-Grenze führen, hingegen 850 Euro nicht überschritten werden.

Ab einem monatlichen Einkommen von mehr als 850 Euro, gilt die Regelversteuerung sowie der volle Beitrag zur gesetzlichen Sozialversicherung.

## … bei Vermietung

Die Einkünfte aus Vermietung und Verpachtung werden wie auch die Einkünfte aus selbständiger Arbeit als Überschuss der Einnahmen über die Werbungskosten ermittelt.

Zu den Einnahmen zählen die Kaltmieten sowie auch die erhaltenen Nebenkosten. Dies gilt unabhängig davon, dass die vermietende Person die Nebenkosten nach den tatsächlichen Ausgaben für die Wohnung berechnet und diese Nebenkosten nicht bei ihr verbleiben.

## Werbungskosten

Einen Werbungskostenpauschbetrag – vergleichbar dem der Einkünfte aus nichtselbständiger Arbeit – gibt es bei den Einkünften aus Vermietung und Verpachtung nicht.

Typische Werbungskosten einer Wohnungsvermietung sind z. B.

• Finanzierungskosten (nur Zins, nicht Tilgung),

• Versicherungen,

• Abfallentsorgungskosten,

• Grundsteuer,

• Renovierungskosten,

• Heizkosten,

• Schornsteinreinigung

• Abschreibung der Wohnungskosten bzw. des Hauses

• Fahrtkosten (Vermietungsobjekt)

• Reparaturkosten

• Kosten von Vermietungsanzeigen

Bei der Vermietung möblierten Wohnraums zählt auch der Ersatz defekter Möbel, Bodenbeläge oder Einbauküchen zu den abzugsfähigen Werbungskosten.

## Nahe Angehörige

Bei der steuerlichen Anerkennungsfähigkeit von Verträgen, die zwischen nahen Angehörigen geschlossen werden, ist der sogenannte Fremdvergleichsgrundsatz maßgeblich. Dieser Grundsatz bedeutet, dass die Verträge zur ihrer steuerrechtlichen Anerkennungsfähigkeit daraufhin untersucht werden, ob sie auch unter fremden Dritten geschlossen worden wären. Wenn es sich also um Verträge handelt, durch die keine Bevorzugung aufgrund des Angehörigenverhältnisses erfolgt, sind die Gestaltungen auch steuerrechtlich anzuerkennen. Häufig existieren in solchen Verträgen allerdings Regelungen, die zwischen fremden Dritten unüblich wären, so dass es hier immer wieder zu Problemen kommt.

## Verbilligte Mieten

Insbesondere an Angehörige werden Wohnungen oftmals zu sehr günstigen Konditionen vermietet. Liegt die erhaltene Wohnungsmiete unter dem Schwellenwert von 66 % der ortsüblichen Miete, so sieht das Einkommensteuergesetz vor, dass die Nutzungsüberlassung nicht in Gänze entgeltlich erfolgt, sondern in einen unentgeltlichen und einen entgeltlichen Teil aufzuteilen ist.

Dies bedeutet, dass der Werbungskostenabzug ebenfalls im dem Verhältnis des unentgeltlichen Teils zu kürzen ist, oder anders ausgedrückt: Es werden nicht alle Werbungskosten vollständig als Abzugspositionen anerkannt.

Wird die Grenze von 66 % überschritten, sind hingegen die Werbungskosten vollständig, also zu 100 % abzugsfähig.

Maßgeblich ist die ortsübliche Warmmiete (d. h. Kaltmiete zuzüglich umlagefähige Betriebskosten) laut Mietspiegel oder Vergleichswohnungen.

## Vermietung an Angehörige

*Britta und Bert aus Bremen haben zwei erwachsene Kinder, Kerstin und Knut, die in Osnabrück und Hamburg studieren. Mutter Britta besitzt eine 50m² Eigentumswohnung in Hamburg und vermietet diese ihrem Sohn Knut. Vater Bert ist Eigentümer einer Eigentumswohnung in Osnabrück und vermietet diese an seine Tochter Kerstin.*

*Für jede der beiden Wohnungen sind jährliche Werbungskosten (z. B. Kreditzinsen u. a.) in Höhe von jeweils 6.000 Euro aufzubringen.*

*Der übliche Mietzins beträgt in dem Hamburger Viertel 10 Euro/m² kalt zzgl. 1,80 Euro/m² Betriebskostenumlage, also 590 Euro pro Monat.*

*Sohn Knut zahlt an seine Mutter lediglich 400 Euro warm (inkl. 90 Euro Betriebskosten).*

*Vater Berts Wohnung in Osnabrück ist ebenfalls 50 m² groß. Der übliche Mietzins beträgt in dem Viertel ebenfalls 10 Euro/m² kalt zzgl. 1,80 Euro/m² Betriebskostenumlage, also 590 Euro pro Monat. Tochter Kerstin zahlt an ihren Vater lediglich 360 Euro warm (inkl. 90 Euro Betriebskosten).*

*Während Knuts Bruttomietzahlung an seine Mutter knapp 68 % der ortsüblichen Miete ausmacht, zahlt Kerstin an ihren Vater lediglich ca. 61 % der ortsüblichen Warmmiete.*

*Mutter Britta kann für ihre Wohnung in Hamburg daher sämtliche Werbungskosten zu 100 % als Abzugsposten geltend machen, d. h. die gesamten 6.000 Euro.*

*Die Mietzahlung von Tochter Kerstin für die Wohnung von Vater Bert in Osnabrück unterschreitet aber mit 61 % der ortsüblichen Warmmiete aber die 66 %, so dass Vater Bert auch nur lediglich 61 % der Werbungskosten geltend machen kann, mithin statt der 6.000 Euro lediglich 3.660 Euro.*

*Eine Mieterhöhung um 5 % würde zum vollständigen Abzug der Werbungskosten in Höhe von 6.000 Euro für Vater Bert führen und wäre daher aus steuerlicher Sicht zu empfehlen.*

## Instandsetzung nach Anschaffung

Die Behandlung von sogenanntem anschaffungsnahen Aufwand ist für die Einkünfte aus Vermietung und Verpachtung von hoher Bedeutung.

Hierbei hat der Gesetzgeber bestimmt, dass Instandsetzungs- und Modernisierungsmaßnahmen, deren Nettokosten (ohne Umsatzsteuer) innerhalb der ersten drei Jahre 15 % der Anschaffungskosten übersteigen, nicht als sofort abzugsfähige Erhaltungsaufwendungen behandelt, sondern zu Herstellungskosten umqualifiziert werden. Daraus folgt, dass diese Kosten dem Kaufpreis des Hauses zugeschlagen werden und lediglich über die geringe jährliche Gebäude-Abschreibung berücksichtigt werden.

### Beispiele und Übungen

*Kaufen Sie also im Jahre 2017 ein Haus mit mehreren Wohnungen für 400.000 Euro, aus dem Sie Vermietungseinkünfte generieren, so dürfen die Instandsetzungs- und Modernisierungskosten innerhalb der nächsten drei Jahre, also bis 2020, insgesamt nicht höher als 60.000 Euro netto (zzgl. 19 % Umsatzsteuer = 71.400) sein.*

*Es bietet sich daher an, eine geplante Veränderung an dem Haus etappenweise durchzuführen, um diese 15 % innerhalb der folgenden drei Jahren nach Anschaffung nicht zu überschreiten.*

Sofern aber nach der Anschaffung Schäden beseitigt werden müssen, die erst nach dem mangelfreien Erwerb des Hauses eingetreten sind, so gilt die 15 %-Grenze nicht. Diese Schadensbehebung ist daher zum sofortigen Abzug zugelassen.

# ... für alle

### Übungsleiter- und Ehrenamtspauschale

Die sogenannte Übungsleiterpauschale bezeichnet nebenberufliche Einnahmen verschiedener Bereiche, die bis zu 2.400 Euro pro Jahr steuerfrei gestellt sind. Dabei ist die Tätigkeit dann nebenberuflich, wenn sie zeitlich bis zu 1/3 des üblichen Vollzeiterwerbs beträgt.

Es handelt sich z. B. um folgende nebenberuflich ausgeübte Tätigkeiten:

• Übungsleitung, Ausbildung, Erziehung, Betreuung (z. B. Chorleitung, Training im Verein, Bildungskurse bei VHS oder Schulen)

• Kunst (z. B. Komparsentätigkeit oder Statist)

• Pflege alter, kranker oder behinderter Menschen

Sofern die Einnahmen den Betrag von 2.400 Euro pro Jahr überschreiten, können die dabei entstandenen Betriebsausgaben geltend gemacht werden.

Daher kann sich aus der Tätigkeit als Übungsleiter auch ein Verlust ergeben, der bei einer anderen Einkunftsart zu berücksichtigen ist. Der Rechenweg für die Abzugsfähigkeit der angefallenen Kosten ist aber streitig und höchstrichterlich noch nicht geklärt, da sich die Methode nicht zweifelsfrei aus dem Einkommensteuergesetz entnehmen lässt.

Die Berechnungsfrage liegt dem Bundesfinanzhof zur Entscheidung vor.

Insoweit wäre es sinnvoll, alle Werbungskosten anzugeben und sich darauf zu berufen, dass sie auch vollständig berücksichtigt werden bzw. bei Rechtsmäßigkeitszweifeln gegen den Bescheid Einspruch einzulegen und so lange offen zu halten, bis der BFH über die Frage entschieden hat.

Die Ehrenamtspauschale von 720 Euro/Jahr gilt für alle anderen nebenberuflichen Tätigkeiten im gemeinnützigen, mildtätigen oder kirchlichen Bereich. Für die Ausgaben gilt das zur Übungsleiterpauschale Dargestellte.

## Haushaltsnahe Beschäftigung

Der steuerliche Abzug von Aufwendungen für

- haushaltsnahe Beschäftigungsverhältnisse,

- haushaltsnahe Dienstleistungen und

- Handwerkerleistungen

wurde vor einiger Zeit neu geregelt (§ 35a EStG).

Die Vorschrift wurde zur Bekämpfung der Schwarzarbeit eingeführt und sie gewährt für bestimmte haushaltsnahe Dienstleistungen eine Steuerermäßigung.

Unter haushaltsnahen Beschäftigungsverhältnissen sind verschiedene Tätigkeiten zu verstehen, so z. B. Kochen, Backen, Waschen, Bügeln, Einkaufshilfe, Wohnungsreinigung, Gartenpflege, Kinderbetreuung, Pflege, nicht aber Unterricht oder Freizeitbetätigungen, Tierärzte, Sport, Friseur, Fußpflege.

Dabei werden Steuerermäßigungen für geringfügige Beschäftigungsverhältnisse (bis 450 Euro/Monat) in Höhe von 20 % der Aufwendungen, max. 510 Euro/KJ gewährt.

Haushaltsnahe Dienstleistungen betreffen Ausgaben für sozialversicherungspflichtig Beschäftigte (keine Minijobs), die ebenfalls die o.g. haushaltsnahen Dienstleistungen ausführen. Für diese Beschäftigungsverhältnisse können 20 % der Arbeitskosten, maximal 4.000 Euro/KJ als Steuerermäßigung anerkannt werden.

Handwerkerleistungen sind alle handwerklichen Arbeitskosten, die ebenfalls im Haushalt erbracht werden, so z. B. Maler-, Fliesenleger-, Elektriker- oder Tischlerleistungen, Garten-, Pflasterarbeiten und auch Winterdienst auf dem angrenzenden Gehweg. Achtung: Materialkosten sind keine Arbeitskosten!

Bei Handwerkerleistungen sind 20 % der Aufwendungen, maximal 1.200 Euro/KJ als Steuerermäßigung möglich.

Die maximale Steuerermäßigung aus allen drei Bereichen beträgt daher 5.710 Euro, die Aufwendungen von 28.550 Euro gegenüberstehen.

Dabei muss die oder der Steuerpflichtige eine Rechnung über die erbrachten Leistungen vorweisen können. Handwerkerrechnungen sollten daher im Regelfall einen Hinweis auf den Arbeitsanteil enthalten.

## Auf den Punkt gebracht

### Haushaltsnahe Beschäftigung

| Art der Ausgaben/ Steuerermäßigung | Maximalersparnis/Jahr |
|---|---|
| Minijobs im Privathaushalt, 20% maximal 510 Euro | bei Aufwendungen von 2.550 Euro |
| Sozialversicherungspflichtige Hilfen im Privathaushalt, 20% maximal 4.000 Euro | bei Aufwendungen von 20.000 Euro |
| haushaltsnahe Handwerkerleistungen, 29% maximal 1.200 Euro | bei Aufwendungen von 6.000 Euro |

# Sonderausgaben

Sonderausgaben sind solche Aufwendungen, die gerade keine Betriebsausgaben oder Werbungskosten, also nicht beruflich veranlasst sind. Verursacht durch die private Lebensführung, fließen sie daher nicht in die Einkünfteermittlung ein. Dennoch mindern sie ganz oder teilweise das zu versteuernde Einkommen. Es handelt sich um verschiedene private Ausgaben, die zwangsläufig anfallen oder auch vernünftigerweise aufgewendet werden. Sie sind nach §§ 10 ff. EStG abzugsfähig.

Dazu gehören z. B. verschiedene Versicherungen. Betriebsausgaben / Werbungskosten (berufliche Sphäre) und Sonderausgaben (private Sphäre) sind leicht voneinander abzugrenzen. Es kommt darauf an, ob die Ausgaben einen Zusammenhang mit einer der Einkunftsarten aufweisen (dann Betriebsausgaben bzw. Werbungkosten) oder ihre Entstehung aus privaten Gründen der Absicherung etc. erfolgt (dann Sonderausgaben).

Nicht zu den Sonderausgaben zählen etwa:

- Gebäudeversicherungen einer Vermieterin, da es sich um Werbungskosten handelt,

- Berufshaftpflichtversicherung eines Steuerberaters, da es sich um Betriebsausgaben handelt,

- Kfz-Haftpflicht für den betrieblichen Pkw einer Ärztin, da es sich ebenfalls um Betriebsausgaben handelt (wohl aber, wenn es ihr privater Pkw wäre).

Durch die Abzugsfähigkeit von Sonderausgaben werden verschiedene Zwecke gefördert, so z. B. die private Absicherung oder auch Ausbildungskosten. Bei Ehe- oder Lebenspartner-schaften, die zusammen veranlagt werden, kommt es nicht darauf an, wer innerhalb der Partnerschaft die Ausgaben getragen hat; vielmehr verdoppeln sich die möglichen Abzugsbeträge.

Wesensmerkmal der Sonderausgaben ist, dass sie beschränkt oder unbeschränkt abzugsfähig sind, je nach Art der Aufwendung. Hier einige Beispiele:

- Unterhaltsleistungen an den Ex-Ehe-/Lebenspartner bis zu 13.805 Euro,

- Basiskranken-/ Pflichtpflegeversicherung (unbegrenzt)

- Altersvorsorgeaufwendungen (begrenzt)

- Kirchensteuer an anerkannte inländische Religionsgemein-schaften (begrenzt)

- Aufwendungen für die eigene Berufsausbildung bis zu 6.000 Euro

- Zweidrittel (2/3) der Betreuungskosten für ein im Haushalt lebendes unter 14jähriges bzw. (auch volljähriges) behindertes Kind, maximal 4.000 Euro. Beispiele für Kinderbetreuung sind z.B. Kitas, Hausaufgabenhilfe, 50% der Au-Pair-Kosten, nicht aber Sport-, Sprachen-, Nachhilfe-, Musik-, Tanz-, Kunstunterricht oder PC-Kurse. Der Betrag kann nur einmal pro Kind in Anspruch genommen werden.

- 30% des Schulgelds für eine Privatschule bis maximal 5.000 Euro pro Kind

- Spenden für steuerbegünstigte, z.B. gemeinnützige Zwecke (begrenzt)

- Spenden und Mitgliedbeiträge an politische Parteien (1.650 Euro/3.300 Euro)

### *Beispiel*

*Katharina ist die Tochter von Maria und Max. Sie geht in die dritte Schulklasse und wird nachmittags jeweils zwischen 15:00 Uhr und 18:00 Uhr betreut. Diese Betreuung kostet 400 Euro pro Monat, d. h. 4.800 Euro im Jahr. Ferner erhält sie einmal pro Woche Instrumentalunterricht, dieser kostet 80 Euro im Monat, d. h. 960 Euro im Jahr.*

*Von den 4.800 Euro Betreuungskosten für Katharina können Maria und Max 2/3, d. h. 3.200 Euro als Sonderausgabe ansetzen. Der Instrumentalunterricht für 960 Euro / Jahr stellt keine Betreuungsleistung dar, so dass ein Steuerabzug als Sonderausgabe hierfür nicht in Betracht kommt.*

# Außergewöhnliche Belastungen

Außergewöhnliche Belastungen sind dann abzugsfähig, wenn der/dem Steuerpflichtigen zwangsläufig höhere Aufwendungen erwachsen als der überwiegenden Mehrzahl der Steuerpflichtigen (§ 33 EStG).

Diese Vorschrift ist in ihrem Charakter mit den Sonderausgaben verwandt. Sie berücksichtigt, dass das Existenzminimum durch außergewöhnliche Umstände beim manchen Menschen höher liegt als bei anderen.

Die Freistellung der normalen Lebensausgaben wird durch den Grundfreibetrag, den Familienleistungsausgleich und die Sonderausgaben gewährleistet. Die außergewöhnlichen Belastungen betreffen die darüberhinausgehenden, existenziell notwendigen und zwangsläufigen privaten Aufwendungen. Dadurch sollen Härten bei der Besteuerung vermieden werden.

Dabei geht das Gesetz davon aus, dass jedem Steuerpflichtigen eine Belastung zumutbar ist. Sie schwankt von 1 % bis 7 % des Gesamtbetrags der Einkünfte, je nach Kinderanzahl und Steuertarif.

Die zumutbare Belastung beträgt:

|  | bis 15.340 Euro | über 15.340 bis 51.130 Euro | über 51.130 Euro |
|---|---|---|---|
| ein Kind oder zwei Kinder | 2 % | 3 % | 4 % |
| mindestens drei Kinder | 1 % | 1 % | 2 % |

| | bis 15.340 Euro | über 15.340 bis 51.130 Euro | über 51.130 Euro |
|---|---|---|---|
| ohne Kinder Grundtarif | 5 % | 6 % | 7 % |
| ohne Kinder Splittingtarif | 4 % | 5 % | 6 % |
| | des Gesamtbetrags der Einkünfte | | |

Übersteigen die außergewöhnlichen Belastungen diese o.g. Prozentsätze, so sind sie abzugsfähig. In seinem Gerichtsurteil vom 29.3.2017 (Az. VI R 75/14) hat sich der BFH mit der Abzugsfähigkeit von Krankheitskosten jedoch erneut beschäftigt und kommt zu dem Schluss, dass nur noch der Teil des Gesamtbetrages der Einkünfte, der den im Gesetz genannten Stufengrenzbetrag übersteigt, mit dem jeweils höheren Prozentsatz belastet wird (Rechtsprechungsänderung). Die weitere Entwicklung bleibt also abzuwarten.

Inbegriffen sind z.B. Kosten notwendiger medizinischer Hilfsmittel, Krankheitskosten, Heilkurbehandlungen, Aufwendungen für Pflegebedürftigkeit, Ehescheidungskosten, Entbindungskosten, Heimkosten eines Schwerbehinderten, künstliche Befruchtung.

Keine außergewöhnlichen Belastungen sind z.B. die Aufnahme eines Studiums, die (Mit-)Übersiedlung eines nicht pflegebedürftigen Ehepartners in eine Betreuungseinrichtung, Kostensteigerungen bei Baumängeln, Kosten aufgrund Übernahme eines Ehrenamtes, Hochzeitskosten.

Die Anzahl der Gerichtsurteile hierzu ist sehr groß, im Ergebnis hängt die Entscheidung meist davon ab, ob die Ausgabe „zwangsläufig" ist oder aber auf einer im weitesten Sinne freien Entscheidung beruht. Dabei liegt der Fokus im Regelfall auf dem Schutz der Existenzgrundlage aufgrund unvorhergesehener, nicht üblicher aber notwendiger, besonderer Ereignisse.

In besonderen Fällen der Unterhaltszahlung für eine unterhaltsberechtigte Person, für die kein Kindergeld oder Kinderfreibeträge infrage kommen, kann diese zum Ansatz außergewöhnlicher Belastung nach § 33a EStG führen.

# Kindergeld und Kinderfreibeträge

## Systematik

In einer Vielzahl von Vorschriften wird die Minderung der elterlichen Leistungsfähigkeit durch Unterhaltsaufwendungen für Kinder berücksichtigt. Steuerlich wird das System maßgeblich durch Kindergeld und Kinderfreibeträge ausgefüllt.

Traditionell herrschte in Deutschland – mit verschiedenen Unterbrechungen – ein duales System, bei dem sowohl der Kinderfreibetrag gewährt wurde als auch gleichzeitig Kindergeld bezogen werden konnte. Während das Kindergeld eine Sozialleistung darstellte, war der Kinderfreibetrag Teil des Einkommensteuerrechts.

Das Bundesverfassungsgericht entschied im Jahre 1990, dass das Existenzminimum eines Kindes steuerlich freigestellt werden müsse und gab damit den Startschuss für eine grundlegende Veränderung des Systems. Ab 1996 wurde das vorherige duale System durch ein optionales System ersetzt, das durch den verfassungsrechtlich gebotenen Schutz des Familienexistenzminimums geleitet wird. Die Besonderheit dabei ist, dass es sich dabei um ein Optionsmodell handelt, d. h. dass entweder das Kindergeld oder die Kinderfreibeträge gewährt werden. Dabei wird jeweils untersucht, welche der Regelungen günstiger für den oder die Steuerpflichtige ist (so genannte Günstigerprüfung).

Der Aufwand bei der Günstigerprüfung ist allerdings aufgrund der Klugheit des Gesetzgebers längst nicht so groß, wie es die obige Beschreibung vermuten lässt.

Bei der Umstellung wurde das Kindergeld in das Einkommensteuerrecht eingegliedert, die Regelungen zum Kindergeld befinden sich seitdem in den §§ 62 ff. EStG, die zu den Kinderfreibeträgen in dem §§ 31 f. EStG.

Dieses Alternativmodell wird in der Praxis so gehandhabt, dass den Eltern für ihr Kind zunächst monatlich Kindergeld durch die Kindergeldkasse (bei der Arbeitsagentur) als Steuervergütung gewährt wird (erste Stufe), § 31 S. 3 EStG.

Im Rahmen der Günstigerprüfung prüft die Finanzbehörde von Amts wegen (zweite Stufe) bei der Einkommensteuerveranlagung im Wege einer Vergleichsrechnung, ob der Anspruch auf Kindergeld den Steuervorteil der Kinderfreibeträge übersteigt, vgl. § 31 Satz 4 EStG.

Das Kindergeld ist gewissermaßen eine Vorauszahlung auf die erst mit dem Steuerbescheid festzusetzenden Freibeträge. Sodann wird bei der Steuererklärung geprüft, welcher der beiden Leistungen, d. h. Kindergeld oder Kinderfreibeträge, für die steuerpflichtige Person günstiger ist.

Bei den Personen, die mangels ausreichendem Einkommen keine Einkommensteuer zahlen, handelt es sich somit in vollem Umfang des Kindergeldbezugs um eine staatliche Fördermaßnahme.

Kindergeld, soweit dieses für die steuerliche Freistellung nicht erforderlich ist, dient damit der Förderung der Familie und hat eine vom Steuerrecht unabhängige sozialrechtliche Funktion.

Nur wenn der Steuervorteil durch Gewährung der Kinderfreibeträge überwiegt, kommen diese Freibeträge zur Anwendung und das Kindergeld wird der tariflichen Einkommensteuer wieder hinzugerechnet. Damit wird eine Doppelbegünstigung vermieden. Erweist sich das Kindergeld als die günstigere Alternative für den oder die Steuerpflichtige, entfallen die Kinderfreibeträge und es verbleibt (allein) beim Kindergeld.

## Kind

Wann ist ein Kind ein Kind? Oder anders ausgedrückt: Welche Voraussetzungen gelten für die Berücksichtigung von Kindern im Steuerrecht?

Der Kindbegriff ist nicht nur für Kindergeld und Kinderfreibeträge wichtig, sondern auch für sonstige kindbedingte steuerliche Vergünstigungen.

Für Kinderfreibeträge zu berücksichtigen sind gemäß § 32 I Nr. 1 EStG Kinder, die im ersten Grad mit dem Steuerpflichtigen verwandt sind. Dies sind eheliche Kinder, nichteheliche Kinder sowie Adoptivkinder und Pflegekinder, nicht aber Stiefkinder (Kinder des Ehepartners oder der Ehepartnerin) und Enkelkinder. Kindergeld hingegen kann auch für Stief- und Enkelkinder beantragt werden.

| Kinder i. S. d. Freibeträge § 32 I EStG | Kinder i. S. d. Kindergeldes § 63 EStG |
|---|---|
| Leibliche Kinder Adoptivkinder Pflegekinder | Leibliche Kinder Adoptivkinder Pflegekinder + Stiefkinder und Enkelkinder |

| Kinder i. S. d. Freibeträge § 32 I EStG | Kinder i. S. d. Kindergeldes § 63 EStG |
|---|---|
| Unbeschränkte Einkommen-steuerpflicht der Eltern | Unbeschränkte Einkommen-steuerpflicht der Eltern |
| Kind muss seinen Wohnsitz oder gewöhnlichen Aufent-halt nicht im Inland haben, aber eventuell Kürzung gemäß Ländergruppenein-teilung | Kind muss im Inland oder in einem EU/EWR-Staat den Wohnsitz oder gewöhnlichen Aufenthalt haben |

Die Berücksichtigung von Kindern, d. h. die Gewährung der Freibeträge nach § 32 Abs. 4 EStG, hängt insbesondere auch vom Alter der Kinder ab. Es werden nämlich grundsätzlich nur Kinder berücksichtigt, die das 18. Lebensjahr noch nicht vollendet haben.

Bei Kindern, die das 18. Lebensjahr vollendet haben, unterscheidet das Gesetz drei verschiedene Fälle. Es handelt sich im Wesentlichen um folgende Fallgruppen:

| Kinder zwischen 18 und 21 Jahren, § 32 IV 1 Nr. 1 EStG | Kinder zwischen 18 und 25 Jahren, § 32 IV 1 Nr. 2 EStG | Behinderte Kinder über 18 Jahre, § 32 IV 1 Nr. 3 EStG |
|---|---|---|

Berücksichtigungsfähig sind:

- Kinder zwischen 18 und 21 Jahren, wenn sie erwerbslos sind,

- Kinder zwischen 18 und 25 Jahren, wenn sie sich in Berufsausbildung befinden oder in einer Übergangszeit oder ein freiwilliges soziales Jahr leisten,

- Kinder über 18 Jahre, bei denen vor ihrem 25 Lebensjahr eine Behinderung eingetreten ist. Die Berücksichtigung erfolgt ohne weitere Altersgrenze.

## Kindergeld

Die Kindergeldentwicklung stellt sich seit 2016 wie folgt dar. In der Tabelle ist das Kindergeld dargestellt, das für beide Eltern zusammen gezahlt wird.

| | Kindergeld pro Monat/Jahr in Euro | | |
|---|---|---|---|
| | 2016 | 2017 | 2018 |
| 1./2. Kind | 190/2.280 | 192/2.304 | 194/2.328 |
| 3. Kind | 196/2.352 | 198/2.376 | 200/2.400 |
| ab 4. Kind | 221/2.652 | 223/2.676 | 225/2.700 |

## Kinderfreibeträge

Es wird zwischen zwei Freibeträgen unterschieden, die beide (kumulativ) für ein Kind zu gewähren sind, nämlich der Freibetrag zur Abgeltung des Bedarfs für das steuerliche Existenzminimum des Kindes und der Freibetrag für die Bedarfe für Betreuung und Erziehung oder Ausbildung.

| | Freibeträge je Elternteil pro Kalenderjahr in Euro | | |
|---|---|---|---|
| | 2016 | 2017 | 2018 |
| Kinderfreibetrag | 2.304/ 4.608 | 2.358/ 4.716 | 2.394/ 4.788 |
| Freibetrag für Betreuung, Erziehung und Ausbildung | 1.320/ 2.640 | 1.320/ 2.640 | 1.320/ 2.640 |
| Summe | | | |
| ein Elternteil | 3.624 | 3.678 | 3.714 |
| zwei Elternteile | 7.248 | 7.356 | 7.428 |

## Freibeträge als ELStAM

Seit 2011 ist die Lohnsteuerkarte entfallen. Seitdem ist die Finanzverwaltung für die Bildung der Lohnsteuerabzugsmerkmale zuständig. ELStAM (elektronische Lohnsteuerabzugsmerkmale) hat die frühere Lohnsteuerkarte ersetzt. Lohnsteuerabzugsmerkmal bei den Lohnsteuerklassen I bis IV ist auch die Zahl der Kinderfreibeträge. Zwar haben diese keine Auswirkung auf die Höhe der Lohnsteuer, allerdings haben sie immer noch Bedeutung für den Solidaritätszuschlag und die Kirchensteuer.

### ELStAM

Pro Kind gibt es in Summe einen vollen Freibetrag – der Kinderfreibetrag wird zu gleichen Teilen auf die Eltern aufgeteilt. Als elektronisches Lohnsteuerabzugsmerkmal werden für Kinder die Kinderfreibeträge berücksichtigt:

✓ 0,5 Kinderfreibeträge, wenn der Arbeitnehmerin oder
  dem Arbeitnehmer der halbe Kinderfreibetrag zusteht
✓ 1,0 Kinderfreibeträge, wenn der Arbeitnehmerin oder
  dem Arbeitnehmer der volle Kinderfreibetrag zusteht.

Zur Terminologie: Der Freibetrag für das sächliche Existenzminimum wird überwiegend „Kinderfreibetrag" genannt,
der weitere Freibetrag beinhaltet den Bedarf für den Be-
treuungs- und Erziehungs- oder Ausbildungsbedarf. Dieser
Freibetrag für diese verschiedenen Bedarfe taucht auch in
Informationstexten und der Fachliteratur unter verschiedenen Namen auf, was durchaus verwirren kann.

# Veranlagung

Der Veranlagungszeitraum für die Einkommensteuer ist das Kalenderjahr.

Jeder nicht verheiratete, verwitwete oder geschiedene Steuerpflichtige wird einzeln zur Einkommensteuer veranlagt (Einzelveranlagung, § 25 EStG).

Die EheP/LPart können zwischen der Zusammenveranlagung und der Einzelveranlagung wählen. Die Ehegatten-/LPartveranlagung (§§ 26 bis 26b EStG) kommt in Betracht, wenn folgende Tatbestandsmerkmale kumulativ erfüllt sind:

- Rechtsgültige Ehe/LPartnerschaft an mindestens einem Tag im Veranlagungszeitraum, spätestens also am 31. Dezember eines Jahres.

- Nicht dauernd getrennt lebend: Sobald die Partner dauernd getrennt leben, entfällt die Ehegatten-/LPartveranlagung (vgl. R 26 EStR).

- Unbeschränkte Steuerpflichtigkeit beider Partner, d.h. Wohnsitz oder gewöhnlichen Aufenthalt im Inland.

Alle Voraussetzungen müssen entweder zu Beginn des Veranlagungszeitraums vorliegen oder in dessen Verlauf – spätestens also am 31.12. des Jahres – eintreten. (§ 26 Abs. 1 S. 1 Nr. 3 EStG).

Zusammenveranlagung (§ 26b EStG): Die Ehegatten/LPart werden bei der Zusammenveranlagung gemeinsam als eine einzige steuerpflichtige Person behandelt (§ 26b EStG) und sodann ein besonderer Tarif, der Splittingtarif, angewendet.

Einzelveranlagung (§ 26a EStG): Statt der Zusammenveranlagung mit der Anwendung des Splittingtarifs können Ehegatten auch die Einzelveranlagung mit der Anwendung des
Grundtarifs wählen. Die Vor- und Nachteile beider Varianten
hängen von den individuellen Umständen ab.

# Einkommensteuertarif

Der Einkommensteuertarif ist ansteigend (progressiv) aus-gestaltet. Über dem steuerfreien Existenzminimum (sog. Grundfreibetrag) beginnt der Eingangssteuersatz von 14 %, der dann stetig bis zum Spitzensteuersatz von 45 % ansteigt. Diese Form wird auch als Progression bezeichnet. Je höher das zu versteuernde Einkommen ist, desto höher steigt auch der Steuersatz.

Der progressive Einkommensteuertarif ist aus der Liste er-sichtlich:

obere Proportionalzone (45 %)
ab 256.304 Euro (2017)
ab 260.533 Euro (2018)

untere Proportionalzone (42 %)
54.058 Euro bis 256.303 Euro (2017)
54.950 Euro bis 260.532 Euro (2018)

Progressivzone (23,97 % bis 42 %)
13.770 Euro bis 54.057 Euro (2017)
13.997 bis 54.949 Euro (2018)

Untere Zone (14 % bis 23,97 %)
8.821 Euro bis 13.769 Euro (2017)
9.001 Euro bis 13.996 Euro (2018)

Null-Zone (steuerfreier Grundfreibetrag)
bis 8.820 Euro (2017)
9.000 Euro (2018)

Es gibt neben dem Grundtarif für Unverheiratete den Split-tingtarif für EheP/LPart. Im Unterschied zum Grundtarif, in

dem nur ein Einkommen besteuert wird, zeigt der Splittingtarif eine Besonderheit in der Kalkulation.

Beide Lebens- bzw. Ehepartner werden so behandelt, als
ob sie jeweils rechnerisch die Hälfte des gemeinsamen Einkommens verdienen würden. Insoweit wird bei Lebens- und
Ehepartnern mit unterschiedlichen Verdiensten die oben
genannte Progression gemildert.

### Grund- und Splittingtarif

**Beispiel 1:** *Kurt ist unverheiratet. Er hat im Kalenderjahr
2016 ein zu versteuerndes Einkommen von 38.016 Euro
erzielt und wird einzeln veranlagt. Nach dem Grundtarif der
Einkommensteuertabelle 2017 würde er 8.067 Euro Einkommensteuer zahlen.*

**Beispiel 2:** *Kurt ist unverheiratet. Im Sommerurlaub 2017
lernt er den Studenten Kevin kennen und das Paar will eine
eingetragene Lebenspartnerschaft gründen. Kurt verdient
38.016 Euro.*

*Erzielt Kevin beispielsweise noch kein eigenes Einkommen,
so würden die beiden im Splittingtarif auf die vorgenann-
ten 38.016 Euro lediglich Einkommensteuer in Höhe von
4.512 Euro zahlen, da in der Splittingtabelle der Tarif so
berechnet ist, als würde jeder der beiden die Hälfte des Einkommens erwirtschaften und daraus ergibt sich eine niedrigere Besteuerung für den Besserverdienenden und damit
für beide EheP/LPart.*

*Das gleiche Prinzip würde gelten, wenn Kevin ebenfalls
arbeitet, aber beide unterschiedlich hohe Einkünfte hätten.*

**Auf den Punkt gebracht**

**Splittingtarif**

Der Splittingtarif bewirkt bei unterschiedlich hohen Einkünften der Partner eine Abmilderung der Progression des Besserverdienenden. Das ist dann vorteilhaft, wenn beide Partner unterschiedlich viel verdienen, da der Splittingtarif so berechnet wird, als ob jeder von ihnen die Hälfte verdienen würde.

Dadurch wird die Steuerprogression, also das stetige Ansteigen des Steuersatzes bei höherem Einkommen, beeinflusst und die Gesamtsteuerbelastung gesenkt.

# Umsatzsteuer

Das Umsatzsteuergesetz ist ein Bundesgesetz, das durch Bundestag und Bundesrat verabschiedet wird. Dies ergibt sich aus dem Grundgesetz (Art. 105 Abs. 2 GG).

Als Gemeinschaftsteuer steht das Steueraufkommen aus der Umsatzsteuer dem Bund und den Bundesländern je zur Hälfte zu. Davon erhalten auch die Gemeinden einen Teil, nämlich jeweils von ihrem Bundesland, zu dem sie gehören (Art. 106 Abs. 5a GG).

Die Erhebung der Umsatzsteuer als allgemeine Verbrauchsteuer erfolgt durch die Bundesländer, nur einige spezielle Verbrauchssteuern werden von den Bundesfinanzbehörden verwaltet (z. B. Kfz-Steuer, Kaffeesteuer, Stromsteuer, Alkopopsteuer, Tabaksteuer, vgl. die Aufzählung bei Art. 108 GG)

Die Umsatzsteuervorschriften sind innerhalb des Europäischen Binnenmarktes grundsätzlich weitgehend harmonisiert. Damit sollen gleiche Wettbewerbsbedingungen auf dem gemeinsamen Markt geschaffen und Wettbewerbsverzerrungen durch unterschiedliche umsatzsteuerliche Regelungen vermieden werden.

Die Steuersätze der Mitgliedstaaten wurden allerdings bislang nicht harmonisiert, diese sind zum Teil immer noch sehr unterschiedlich.

## Umsatzsteuersätze im Vergleich

| Land | Normal | Zwischen | Ermäßigt |
|------|--------|----------|----------|
| Dänemark | 25 | – | – |
| Deutschland | 19 | | 7 |
| Finnland | 24 | – | 14 |
| Griechenland | 23 | – | 13 |
| Frankreich | 20 | 10 | 5,5 |
| Italien | 22 | 10 | 5 |
| Belgien | 21 | 12 | 6 |
| Österreich | 20 | 13 | 10 |
| Luxemburg | 17 | 14 | 8 |
| | | | |
| EU-Minimum | 17 | 10 | 5 |
| EU Maximum | 27 | 14 | 18 |

*Aktuelle Umsatzsteuerübersichten aller EU Mitgliedsstaaten und auch von Drittländern lassen sich leicht im Internet auf den Seiten der Auslandshandelskammern nachlesen.*

Die Umsatzsteuer knüpft in ihrem Steuergegenstand an den Warenverkehr des Produktes oder der Dienstleistung vom Hersteller über die Zwischenhändlerkette bis hin zum Endverbraucher an. Daher wird sie auch als Verkehrsteuer bezeichnet. Wirtschaftlich wird die Umsatzsteuer vom privaten Endverbraucher getragen, der die Waren oder sonstigen Leistungen verbraucht; insoweit zählt sie auch zu den Verbrauchsteuern. Im Gegensatz zu den speziellen Verbrauchsteuern wie Kaffeesteuer, der Tabaksteuer oder der Biersteuer, besteuert die Umsatzsteuer den allgemeinen Verbrauch.

Die Besonderheit der Umsatzsteuer im Gegensatz zu den anderen Verbrauchsteuern liegt in der gezielten Belastung des (privaten) Endverbrauchs. Nimmt ein Unternehmen von anderen Unternehmen Lieferungen oder Leistungen für betriebliche Angelegenheiten in Anspruch, so wird der unternehmerische Verbrauch systembedingt im Ergebnis nicht mit der Umsatzsteuer belastet. Das ist ein Unterschied zu anderen Verbrauchsteuern. Beispielsweise wird im produzierenden Gewerbe die gezahlte Energiesteuer auf eigenen Verbrauch nicht automatisch zurückerstattet.

Die vom privaten Endverbraucher zu tragende Umsatzsteuer wird nicht – wie etwa die Einkommensteuer – bei diesem direkt erhoben, sondern auf indirektem Weg von dem Unternehmen abgeführt, das die Leistung erbringt und die Umsatzsteuer vereinnahmt. Daher handelt es sich bei der Umsatzsteuer um eine indirekte Steuer.

Steuerschuldner ist daher das Unternehmen, Steuergläubigerin die Finanzbehörde.

Als Bemessungsgrundlage wird im Steuerrecht die Größe bzw. das Merkmal bezeichnet, das für die Anwendung des Steuertarifs maßgeblich ist. Oder anders ausgedrückt: Die Steuererhebung muss an einen konkreten Umstand anknüpfen. Bei der Einkommensteuer gibt es immer einen monetären Vermögenszuwachs, bei der Umsatzsteuer und bei speziellen Verbrauchsteuern muss es ein anderes Merkmal geben.

Die Bemessungsgrundlage der Umsatzsteuer ist der Netto-Kaufpreis des Gegenstandes oder der Dienstleistung. Anders

ausgedrückt: Die Umsatzsteuer wird nach dem Entgelt berechnet, d. h. alles, was der Leistungsempfänger aufwendet,
um die Leistung zu erhalten.

### Berechnung der Umsatzsteuer

*Die Herstellerin Harms GmbH aus Hamburg stellt hochwer-
tige technische Geräte her. Sie beauftragt den Frachtführer
F (Transporteur), ein Kalibriergerät (19 % USt) zu ihrer Kundin
K zu transportieren und den Kaufpreis zu kassieren. Die Kundin K zahlt 1.000 Euro (inkl. Ust.) an den Frachtführer. Dieser
übergibt nach Erfüllung des Auftrags 900 Euro an die Harms
GmbH und behält 100 Euro als sein Entgelt ein.*

*Wie hoch ist die Bemessungsgrundlage für diesen Vorgang?*

*Nach der Definition des Gesetzes schauen wir uns an, was
genau die Kundin K bezahlt. Die Kundin bezahlt 1000 Euro
(inkl. USt.) an die Harms GmbH.*

*Der Warennettowert des Vorgangs beträgt daher
840,34 Euro, die Umsatzsteuer darauf beträgt 159,66 Euro.
Der Abzug von 100 Euro (inkl. USt.) für den Frachtführer
minimiert den Nettowert für den Gesamtvorgang zwischen
der Herstellerin und der Kundin nicht.*

Sofern die Kundin K gegenüber der Herstellerin 3 % Skonto
gezogen hätte, würde sich der Skontoabzug auch auf die
Umsatzsteuer auswirken, die dann ebenfalls zu kürzen ist.

Unternehmen selbst werden durch den Vorsteuerabzug für
ihre unternehmerischen Belange finanziell entlastet.

## *Berechnung der Umsatzsteuer*

*Die Herstellerin Harms GmbH aus Hamburg stellt hochwertiges Werkzeug her. Sie verkauft eine Gartenpumpe für 119,00 Euro an die Großhändlerin Greiner GmbH. Die Greiner GmbH betreibt einen Großhandel in Köln und verkauft die Gartenpumpe für 178,50 Euro an den Baumarkt Behrens GmbH in Aachen, dort kauft Frau Ehlers die Pumpe für 238,00 Euro [200 Euro zzgl. 38 Euro (19 %) USt.] für ihren privaten Bedarf.*

*Betrachten wir nur den Umsatzsteuerweg von der Herstellerin zu der Endverbraucherin, so lässt sich fragen, wie die 38 Euro Umsatzsteuer ihren Weg zur Finanzbehörde finden und wie sichergestellt wird, dass tatsächlich nur die Endverbraucher und nicht auch die Zwischenhändler mit Umsatzsteuer belastet werden.*

| | | | |
|---|---|---|---|
| Herstellerin H<br>    100,00 Euro<br>    + 19 % USt<br>    119,00 Euro<br>    ↓ | Umsatzsteuer: | 19,00 | 19,00 |
| G-GmbH<br>    150,00 Euro<br>    + 19 % USt<br>    178,50 Euro<br>    ↓ | Umsatzsteuer:<br>Vorsteuer-<br>abzug | 28,50<br>− 19,00<br>9,50 | 9,50 |
| B-GmbH<br>    200,00 Euro<br>    + 19 % USt<br>    238,00 Euro<br>    ↓ | Umsatzsteuer:<br>Vorsteuer-<br>abzug | 38,00<br>− 28,50<br>9,50 | 9,50 |
| Frau Ehlers | | | |
| Summe an Finanzamt | | | 38,00 |

# Gebietsbegriffe

Das Umsatzsteuergesetz unterscheidet im Gegensatz zu anderen Gesetzen zwischen den Gebieten Inland, inländische Sondergebiete, Ausland, Gemeinschaftsgebiet und Drittland.

| | Gemeinschaftsgebiet (§ 1 Abs. 2a S. 1 UStG) | Drittland (§ 1 Abs. 2a S. 3 UStG) |
|---|---|---|
| **Inland** (§ 1 Abs. 2 S. 1 UStG) | Hoheitsgebiet der Bundesrepublik Deutschland mit Ausnahme der Sondergebiete | |
| **Inländische Sondergebiete** (§ 1 Abs. 2 S. 1 UStG) | | spezielle Sondergebiete wie z. B. Büsingen, Helgoland, Freihäfen |
| **Ausland:** (§ 1 Abs. 2 S. 2 UStG) | Übriges Gemeinschaftsgebiet | alle anderen Staaten, die nicht dem Gemeinschaftsgebiet angehören |

Sofern ein unternehmerischer Umsatz im Inland stattfindet, sind persönliche Merkmale der Unternehmerin oder des Unternehmers wie z. B. Staatsangehörigkeit, Wohnsitz oder gewöhnlicher Aufenthalt der Person oder Sitz des Unternehmens unbeachtlich. Inländische Umsätze sind stets der Umsatzsteuer unterworfen, oder im Gesetzesdeutsch „umsatzsteuerbar".

# Steuerbare Vorgänge

Es ist zwischen (umsatz)steuerbaren und nicht (umsatz)steuerbaren Vorgängen zu unterscheiden.

Dabei sind nicht steuerbare Umsätze solche, die in ihrem Grundsatz nicht dem deutschen Umsatzsteuergesetz unterliegen, während steuerbare Umsätze hingegen in ihrem Grundsatz dem deutschen Umsatzsteuergesetz unterliegen.

Damit ist aber noch keine Aussage getroffen, ob sie der vollen Besteuerung oder der ermäßigten Besteuerung unterliegen oder sogar steuerfrei sind.

Für die Beantwortung dieser Frage sind fünf Komponenten maßgeblich. Umsatzsteuerbar sind

1. Lieferungen und sonstige Leistungen,

2. die ein Unternehmer

3. in Inland

4. im Rahmen seines Unternehmens

5. gegen Entgelt ausführt.

Es bedarf mithin zwingend der Unternehmereigenschaft. Die Definition stellt auch klar, dass ein privates Geschäft eines Unternehmers ebenfalls nicht umsatzsteuerbar ist. Die Lieferung oder Leistung muss von einem Unternehmer ausgeführt werden. Steht das Unternehmen auf der Käuferseite, kauft also ein Unternehmen von einer leistenden Privatperson, dann ist dieses Geschäft ebenfalls nicht umsatzsteuerbar.

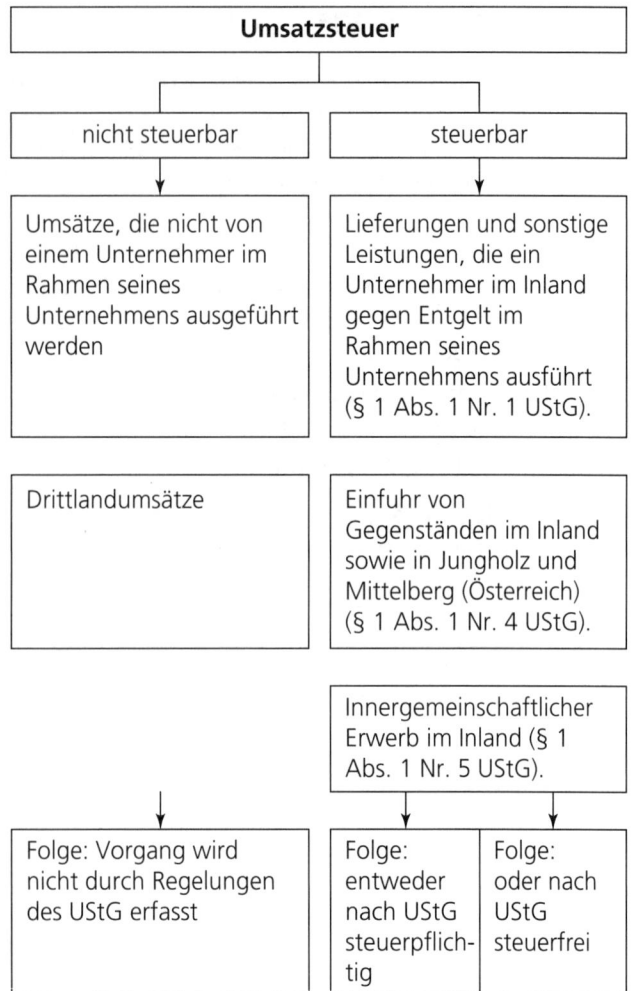

**Umsatzsteuer**

| nicht steuerbar | steuerbar |
|---|---|
| Umsätze, die nicht von einem Unternehmer im Rahmen seines Unternehmens ausgeführt werden | Lieferungen und sonstige Leistungen, die ein Unternehmer im Inland gegen Entgelt im Rahmen seines Unternehmens ausführt (§ 1 Abs. 1 Nr. 1 UStG). |
| Drittlandumsätze | Einfuhr von Gegenständen im Inland sowie in Jungholz und Mittelberg (Österreich) (§ 1 Abs. 1 Nr. 4 UStG). |
| | Innergemeinschaftlicher Erwerb im Inland (§ 1 Abs. 1 Nr. 5 UStG). |
| Folge: Vorgang wird nicht durch Regelungen des UStG erfasst | Folge: entweder nach UStG steuerpflichtig / Folge: oder nach UStG steuerfrei |

## Steuerbare Vorgänge

*Fall 1: Rebecca verkauft ihren privaten Sportwagen an Johannes zum Preis von 22.000 Euro. Rebecca handelt als Privatperson und nicht als Unternehmerin, so dass dieser Vorgang nicht umsatzsteuerbar ist.*

*Fall 2: Rebecca, die als Bauunternehmerin selbständig tätig ist, verkauft ihren betrieblichen Sportwagen an Johannes zum Preis von 22.000 Euro. Rebecca handelt hier als Unternehmerin, da es sich um einen Betriebs-Pkw handelt. Der Vorgang ist umsatzsteuerbar. Sodann müsste entschieden werden, ob dieser Umsatz umsatzsteuerpflichtig (wenn ja, zu welchem Satz) oder umsatzsteuerfrei ist.*

*Fall 3: Rebecca verkauft ihren privaten Sportwagen an den selbständigen Bauunternehmer Johannes zum Preis von 22.000 Euro. Der Pkw soll als betrieblicher Pkw genutzt werden. Rebecca handelt als Privatperson und nicht als Unternehmerin, so dass dieser Vorgang nicht umsatzsteuerbar ist, unabhängig davon, dass Johannes den Sportwagen betrieblich nutzen will.*

| steuerbarer Umsatz | | |
|---|---|---|
| steuerpflichtig | | steuerfrei |
| 19 % | 7 % | kein Steuersatz |

Steuerbare Umsätze können entweder steuerpflichtig oder steuerfrei sein, z.B. steuerfrei, wenn eine Befreiungsvorschrift nach §4 UStG eingreift. Nicht steuerbare Umsätze haben umsatzsteuerrechtlich keinerlei Auswirkungen. Steuerbarkeit ist daher eine notwendige aber nicht die einzige Voraussetzung zur Begründung einer Steuerpflicht. Sofern ein Vorgang umsatzsteuerbar ist, muss danach entschieden werden, ob er umsatzsteuerpflichtig oder umsatzsteuerfrei ist.

### Steuerbare Vorgänge

- *Die Post AG verkauft Briefmarken an ihre Kunden. Die Leistung ist umsatzsteuerbar aber – als ein dem Postwesen dienender Umsatz – steuerfrei nach § 4 Nr. 11b UStG. Verkauft die Post AG allerdings Schreibwaren, so dienen diese Umsätze nicht dem Postwesen und sind daher steuerbar und steuerpflichtig nach § 1 Abs. 1 Nr. 1 UStG.*

- *Die Unfallgeschädigte U erhält vom Unternehmer U Schadensersatz und Schmerzensgeld aufgrund eines Verkehrsunfalls. Es handelt sich nicht um eine Leistung i. S. d. UStG, daher ist der Vorgang nicht steuerbar.*

- *Die Ärztin Ä erbringt ihre ärztliche Leistung für Patienten. Die Leistung ist umsatzsteuerbar und als Heilbehandlung umsatzsteuerfrei nach § 4 Nr. 14 UStG.*

Der Leistungsaustausch muss zwingend zwischen verschiedenen Personen erfolgen.

Aus dem Blickwinkel der Umsatzsteuer gilt die Einheitstheorie, d. h. jeder Unternehmer hat immer nur ein einziges Unternehmen. Auch wenn er mehrere unterschiedliche Betriebe besitzt, liegt umsatzsteuerrechtlich nur ein einziges Unternehmen vor.

Gegenseitige Leistungen zwischen verschiedenen Unternehmen desselben Unternehmers sind daher nicht umsatzsteuerbar. Es handelt sich in diesem Falle um einen nicht steuerbaren „Innenumsatz".

*Einheitstheorie*

*Die erfolgreiche Unternehmerin U betreibt in Ulm ein Restaurant und in Stuttgart ein Hotel. Zwar handelt es sich um zwei Betriebe, allerdings umsatzsteuerrechtlich nur um ein Unternehmen. Sofern also das Restaurant in Ulm das Hotel in Stuttgart beliefert, so liegen zwar Tätigkeiten des jeweiligen Unternehmens, jedoch keine Lieferungen im Sinne des Umsatzsteuergesetzes vor, da die Gegenstände nicht an einen „Dritten" gelangen. Es handelt sich hier um nichtsteuerbare Innenumsätze.*

# Unternehmerische Tätigkeit

Grundtatbestand der Umsatzsteuer nach § 1 Abs. 1 Nr. 1 UStG ist ein Leistungsaustausch, bei dem als Leistender ein Unternehmer im Rahmen seines Unternehmens im Inland beteiligt ist. Leistungsempfänger hingegen können alle Dritten sein, d. h. Unternehmer oder Endverbraucher.

Unternehmer ist, wer eine gewerbliche oder berufliche Tätigkeit selbständig ausübt. Der Begriff der Selbständigkeit ist im UStG anders gemeint als im Einkommensteuerrecht und dient vor allem der Abgrenzung zur Arbeitnehmertätigkeit und zur Tätigkeit privater Vermögensverwaltung.

Typische Unternehmer sind Gewerbetreibende, wie z. B. aus Handwerk, Produktion oder Handel bzw. freie Berufe, wie z. B. rechtsanwaltliche, steuer- und wirtschaftsberatende Berufe, Ärzte oder Architekten.

Für die Beurteilung, ob jemand selbständig oder unselbständig tätig ist, kommt es auf das Gesamtbild der Verhältnisse an. Merkmale für eine selbständige Tätigkeit sind beispielsweise das vom Steuerpflichtigen getragene Unternehmerrisiko, die Unternehmerinitiative, die selbständige Organisation und Durchführung der Tätigkeit, die selbständige Beschaffung von Kapital und Arbeitsmitteln sowie Geschäftsbeziehungen zu mehreren Vertragspartnern.

Für eine unselbständige Tätigkeit sprechen beispielsweise die Weisungsgebundenheit gegenüber der Arbeitgeberin, feste Arbeitszeiten, Urlaubs- und Sozialleistungsansprüche, oder die örtliche und funktionale Eingliederung in einen bestimmten Betrieb. Erforderlich ist immer eine Einzelfallbetrachtung.

Natürliche Personen können selbständig und auch zusätzlich unselbständig arbeiten, z. B. eine Arbeitnehmerin arbeitet nebenberuflich als Beraterin, eine angestellte Ärztin erstellt nebenberuflich Gerichtsgutachten etc. Selbständige und unselbständige Tätigkeiten müssen abgrenzbar sein. Bei einer einheitlichen Betätigung kann sie insgesamt nur als selbständig oder als unselbständig eingestuft werden, sie ist nicht teilbar, so z. B. bleibt eine Person umsatzsteuerlich betrachtet eine Angestellte, auch wenn sie in ihrer Arbeit weder weisungsgebunden ist, noch feste Arbeitszeiten hat oder aber in einem bestimmten Betrieb fest eingegliedert ist.

Die unternehmerische Tätigkeit muss nachhaltig sein (§ 2 Abs. 1 S. 3 UStG), d. h. sie muss entweder von vornherein auf eine bestimmte Dauer angelegt sein oder sich in gleicher oder ähnlicher Weise wiederholen. Im Regelfall sind beide Kriterien miteinander verknüpft. Dabei kommt es auf das Gesamtbild der Verhältnisse an. Maßgebliche Beurteilungskriterien des BFH sind dabei z.B. das Auftreten wie ein Händler, das Unterhalten eines Geschäftsbetriebs, ein mehrjähriges, planmäßiges Handeln, die Durchführung von Werbemaßnahmen im Gegensatz zur Ausführung von nur privaten Gefälligkeiten.

Es ist beispielsweise ein Unterschied, ob eine Person einmalig auf einer Internetplattform eine Sache verkauft oder dies regelmäßig in ähnlicher Weise wiederholt. Hier ist die Grenze zwischen reiner Privatveräußerung und unternehmerischem Handeln fließend. Die Rechtsprechung betrachtet vor allem Extremfälle. Werden beispielsweise auf einer Internet-Plattform mit Hilfe einer professionell gestalteten Seite Artikel zum Verkauf angeboten, ist dies ein Indiz für das Vorliegen eines Unternehmens.

Die unternehmerische Tätigkeit beginnt bereits mit den Vorbereitungen zum unternehmerischen Leistungsaustausch, d.h. z.B. Investitionen vor der Betriebseröffnung, Kundenakquise, Gesellschaftsgründung etc.

In Folge sind diese Kosten auch zum Vorsteuerabzug zugelassen. Dies gilt auch in dem Fall, wenn die Unternehmensgründung oder -erweiterung scheitert.

Das Ende der Unternehmereigenschaft ist erreicht, wenn der Unternehmer seine Umsatztätigkeit endgültig eingestellt und alle Rechtsbeziehungen beendet hat, die mit dem aufgegebenen Betrieb zusammenhingen. Dazu zählen auch die Liquidationstätigkeiten, die Betriebsveräußerung oder Leistungen des Insolvenzverwalters.

Bei unternehmerischen Zusammenschlüssen (z.B. Interessengemeinschaften, Arbeitsgemeinschaften, Kartelle, Konzerne, Poolverbindungen) hängt die Unternehmereigenschaft davon ab, ob sie nach außen hin tätig werden (dann Unternehmer) oder ob es sich um nicht unternehmerfähige Innengesellschaften handelt. Bei Parteien und Vereinen ist zwischen dem nichtunternehmerischen und dem unternehmerischen (im Regelfall gewerblichen) Bereich zu trennen. Für den unternehmerischen Bereich („wirtschaftlicher Geschäftsbetrieb") sind sie umsatzsteuerbar, nicht hingegen für den nichtunternehmerischen („ideellen") Bereich.

Juristische Personen des öffentlichen Rechts sind nichtunternehmerisch tätig, soweit sie Leistungen im Rahmen der Ausübung hoheitlicher Aufgaben erbringen (vgl. § 2b UStG). Privatrechtliche Eigenbetriebe (z. B. kommunale Energieunternehmen, Straßen- oder Wohnungsbau) hingegen sind selbständige Unternehmer.

## Leistungsaustausch

Das UStG enthält keine Definition des Begriffs der Leistung. Vielmehr handelt es sich um den Oberbegriff für zwei Formen des Steuertatbestands des § 1 Abs. 1 Nr. 1 UStG, nämlich

• Lieferungen und

• sonstige Leistungen

eines Unternehmers.

Eine Lieferung liegt vor, wenn der Unternehmer dem Empfänger die Verfügungsmacht über einen Gegenstand verschafft. Die Verfügungsmacht ist ein Begriff aus dem bürgerlichen Recht und bedeutet Eigentumsübertragung des Gegenstandes.

Diese Gegenstände sind z. B. alle beweglichen unbeweglichen, flüssigen oder gasförmigen Sachen. Darunter fallen z. B. Grund- und Boden, Eigentumswohnungen, Häuser, sonstige Gebäude, Warenprodukte, Rohstoffe, Tiere, Pflanzen, Elektrizität, Gas, Öl, Wasser, sonstige lieferbare Energie.

Keine Sachen i. S. d. Umsatzsteuergesetzes sind Geld, Personen, immaterielle Wirtschaftsgüter wie Rechte, Patente oder Know-how. Insbesondere Geld ist keine handelbare Sache, sondern lediglich Zahlungsmittel. Insofern erfasst das UStG nur Leistungen im wirtschaftlichen Sinne, d. h. solche, bei denen die Leistung ein wirtschaftliches Interesse verfolgt und nicht allein die Zahlung als Entgeltentrichtung.

Sonstige Leistungen sind alle Leistungen, die keine Lieferungen sind, d. h. bei denen keine Warenbewegung stattfindet. Ihr Inhalt ist frei und richtet sich nach dem Verpflichtungsgeschäft (z. B. Kauf-, Dienst-, Werk- oder Mietvertrag).

Bei der Abgrenzung, ob es sich um eine Lieferung oder sonstige Leistung handelt, ist auf den Willen der Parteien und die Gesamtumstände abzustellen.

Bei einem Tauschgeschäft (z. B. von Waren oder Dienstleistungen) erfüllen sowohl die Leistung als auch die Gegenleistung den umsatzsteuerlichen Leistungsbegriff, d. h. beide Leistungen verfolgen ein wirtschaftliches Interesse, das über die Entgeltzahlung hinausgeht.

### Leistungsaustausch

*Die Unternehmensberaterin Dr. U berät die Geschäftsführung der B-GmbH und liefert ihr gute Vorschläge für neue Kostenstrukturen. Statt des üblichen Honorars, liefert die B-GmbH eine Sauna für die Wohnung der U.*

*U bewirkt an die B-GmbH eine steuerbare und steuerpflich-*
*tige sonstige Leistung gegen Entgelt, das hier in einem*
*Tauschgeschäft liegt. Sowohl das Honorar von U als auch*
*die Lieferung der Sauna sind umsatzsteuerbar und umsatz-*
*steuerpflichtig.*

Hier gibt es also einen wesentlichen Unterschied zu den Ge-
schäften, bei denen die Gegenleistung „Geld" lediglich als
Zahlungsmittel für die umsatzsteuerpflichtige Hauptleistung
zu verstehen ist.

---

**Auf den Punkt gebracht**

**Umsatzsteuer**

Normallfall Umsatzsteuer: Jeder Leistungsempfänger ent-
richtet die Umsatzsteuer zunächst an den Leistenden, der
sie sodann an die Finanzbehörde abführt.

Ist der Leistungsempfänger aber selbst Unternehmer, so
kann er im Normallfall seine eigene gezahlte Umsatzsteuer als Vorsteuer bei seiner Finanzbehörde in Abzug
bringen.

# Einfuhr von Gegenständen

Neben den inländischen Lieferungen und sonstigen Leistungen nach § 1 Abs. 1 Nr. 1 UStG unterliegt auch die Einfuhr von Gegenständen nach § 1 Abs. 1 Nr. 4 UStG der Umsatzbesteuerung (Einfuhrumsatzsteuer).

Die Einfuhr von Gegenständen bedeutet das Verbringen von Gegenständen aus einem Drittland (Nicht-EU-Gebiet) zum freien Verkehr in das Inland.

Dies gilt jedoch nicht bei einer Verbringung in einem zollrechtlichen Versandverfahren oder solange sich der Gegenstand im Zolllager befindet. Zolllager sind vom Zoll zugelassene Räumlichkeiten, in denen Waren unter zollamtlicher Überwachung gelagert werden können. Diese können örtlich in den Freihäfen liegen, müssen es aber nicht. Zolllager dienen insbesondere der Lagerung von Nicht-Unions-Waren, um diese von Einfuhrabgaben und Einfuhrgenehmigungen freizuhalten – so lange bis sie die Freizone verlassen. Dies erleichtert den internationalen Warenverkehr.

Der Einführende kann ein Unternehmer oder eine Privatperson sein.

Beim Export ist im Ausgangsstaat die Ausfuhr von Gegenständen regelmäßig von der Umsatzsteuer befreit. Sie wird als Verbrauchsteuer von den Zollbehörden erhoben und verwaltet. Maßgeblicher Lieferort ist derjenige, an dem die Beförderung endet.

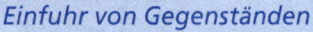

*Einfuhr von Gegenständen*

Bei Lieferung „unverzollt und unversteuert" aus dem Drittland ist der deutsche Leistungsempfänger der Schuldner der Einfuhrumsatzsteuer.
Bei Lieferung „verzollt und versteuert" aus dem Drittland ist der Lieferer der Schuldner der Einfuhrumsatzsteuer. Der Lieferer muss sich dann im Inland zur Umsatzsteuer erfassen lassen.

## Innergemeinschaftlicher Erwerb

Lieferungen zwischen mehreren vorsteuerabzugsberechtigten Unternehmern sind innerhalb des Europäischen Gemeinschaftsgebietes als innergemeinschaftlicher Erwerb jeweils im Bestimmungsland umsatzsteuerpflichtig, § 1 Abs. 1 Nr. 5 UStG.

Die Steuerbefreiungen ergeben sich aus § 4b UStG.

Der Ort des innergemeinschaftlichen Erwerbs ist dort, wo sich der Gegenstand am Ende der Beförderung oder Versendung befindet (§ 3d S. 1 UStG). Der Vorsteuerabzug steht dem Erwerber zu. Eine Durchfuhr durch Deutschland ist kein umsatzsteuerbarer Tatbestand.

Innergemeinschaftliches Verbringen eines Gegenstands gilt unter den Voraussetzungen des § 3 Abs. 1a UStG als Lieferung und kann einen innergemeinschaftlichen Erwerb gegen Entgelt darstellen. Innergemeinschaftliches Verbringen liegt dann vor, wenn der Unternehmer einen Gegenstand an sich selbst vom Inland in einen anderen Mitgliedsstaat verbringt. Die Umsatzbesteuerung erfolgt im Bestimmungsland.

## Reverse-Charge-Verfahren

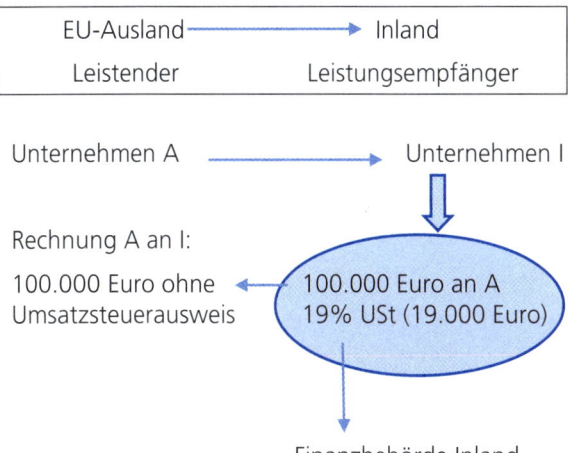

Das unter dem Begriff „Reverse-Charge" bekannte Verfahren (§ 13b UStG) ist eine umsatzsteuerliche Spezialregelung für grenzüberschreitende innereuropäische Leistungen zwischen Unternehmen. Die Besonderheit besteht darin, dass nicht der Leistende sondern der Leistungsempfänger die

Umsatzsteuer an die Finanzbehörde zahlt. Da er die abzu-
führende Umsatzsteuer mit seinem eigenen Vorsteuerer-
stattungsanspruch verrechnen kann, entsteht keine Zahllast.

Diese Methode vereinfach die Arbeit der Finanzbehörden,
beugt der Steuerhinterziehung vor und hat Vorteile für den
Leistungsempfänger, der die Umsatzsteuer nicht an den
ausländischen Vertragspartner zahlen und damit bis zur
nächsten Umsatzsteuervoranmeldung vorfinanzieren muss.
Sie gilt für zahlreiche Geschäfte zwischen Unternehmern, die
Lieferungen und Leistungen von einem europäisch-auslän-
dischen Unternehmer erhalten, so z. B. für Werklieferungen,
sonstige Leistungen, Bauleistungen etc.

---

**Reverse-Charge-Verfahren**

Damit entfällt auch die Verpflichtung des ausländischen
Unternehmens, sich in Deutschland für Umsatzsteuer-
zwecke registrieren zu lassen.

---

Der Leistende darf in seiner Rechnung keine Umsatzsteuer
ausweisen und beide Unternehmen müssen Ihre Umsatz-
steueridentifikationsnummern auf der Rechnung angeben.
Ferner muss die Rechnung den Zusatz „Reverse charge"
oder „Steuerschuldnerschaft des Leistungsempfängers" auf
Deutsch oder die entsprechende Formulierung in einer anderen Amtssprache enthalten.

Durch dieses Verfahren kann sowohl ein EU-Unternehmen
Reverse-Charge-Leistungen im Inland (EU-ausländisches
Unternehmen erbringt Leistungen im Inland) als auch ein
inländisches Unternehmen Reverse-Charge-Leistungen im

EU-Ausland (Unternehmen erbringt Leistungen im EU-Ausland) abrechnen.

### Reverse-Charge-Verfahren

*Die portugiesische Unternehmensberaterin PT aus Lissabon erbringt ihre Dienstleistung für das deutsche Unternehmen DE und begibt sich im Juli für die Tätigkeit drei Wochen nach Bremen. Nettohonorar 20.000 Euro.*

*Wie hat die Rechnungstellung zu erfolgen?*

*Rechnungsabsenderin PT*
*(+ Steuernummer PT + Umsatzsteueridentifikations-nummer PT)*

*Rechnungsempfängerin DE*
*(+ Steuernummer PT + Umsatzsteueridentifikations-nummer PT)*

| Honorar Umsatzsteuer 19 % | 20.000 Euro |
|---|---|
| Umsatzsteuer | 0,00 Euro |
| Summe | 20.000 Euro |

*Steuerschuldnerschaft des Leistungsempfängers – Reverse Charge*

*Das DE-Unternehmen als Leistungsempfänger hat den Reverse-Charge-Umsatz in seiner Umsatzsteuervoranmeldung für Juli zu übernehmen.*

# Steuerbefreiungen

Umsatzsteuerbefreiung bedeutet, dass es sich zwar grundsätzlich um einen inländischen Umsatz (z. B. eine Lieferung oder sonstige Leistung) eines Unternehmens handelt, dieser aber aus besonderen Gründen von der Umsatzbesteuerung freigestellt ist.

**!**  *Steuerbefreiungen*

Umsätze sind dann steuerpflichtig, wenn sie dem Umsatzsteuergesetz unterliegen (also steuerbar sind) und auch keine Steuerbefreiung eingreift.
Umsätze sind dann steuerfrei, wenn sie dem Umsatzsteuergesetz unterliegen (also steuerbar sind) und eine Steuerbefreiung eingreift.

Zu diesem Zweck gibt es in § 4 UStG zahlreiche Regelungen. Die Gründe der Umsatzsteuerbefreiungen sind vielfältig und resultieren in der Regel aus wirtschafts-, gesellschafts- oder sozialpolitischen Erwägungen.

Aus wirtschaftspolitischen Gründen der EU-Mitgliedstaaten gibt es z. B. die Steuerbefreiungen für Umsätze der Seeschifffahrt und Luftfahrt, Einfuhr, Ausfuhr, Durchfuhr. Ferner wird eine Doppelbelastung vermieden durch die Umsatzsteuerbefreiungen auf den Grunderwerb, Lotterie-, Versicherungs- und Finanzdienstleistungen. Nicht zuletzt wird durch die Umsatzsteuerfreistellungen von Heilbehandlungen, Körperersatzstücken, Sozialversicherungs-, Bildungs- und kulturellen Leistungen ein sozialpolitischer Zweck verfolgt.

Für Unternehmen, die in den entsprechenden Bereichen tätig sind, gibt es je nach Tätigkeitsbereich zwei Regelungen:

1. die Leistung des Unternehmens ist umsatzsteuerfrei und das Unternehmen ist zum Vorsteuerabzug berechtigt (§ 4 Nr. 1-7 UStG);

2. die Leistung des Unternehmens ist umsatzsteuerfrei und das Unternehmen ist nicht zum Vorsteuerabzug berechtigt (§ 4 Nr. 8 ff. UStG).

| *Beispiele für Umsatzsteuerbefreiungen mit Vorsteuerabzug* | *Beispiele für Umsatzsteuerbefreiungen ohne Vorsteuerabzug* |
|---|---|
| *Exporte in EU-Staaten (Innergemeinschaftliche Lieferungen) Exporte in Drittländer (Nicht-EU-Länder; Ausfuhrlieferungen) Seeschifffahrt und Luftfahrt* | *Versicherungsleistungen Finanzumsätze Heilbehandlungen Grundstücksumsätze Bildungsumsätze* |

Daher haben die Steuerbefreiungen aus § 4 UStG immer auch eine Auswirkung auf den Vorsteuerabzug des Unternehmens.

Unternehmerische Tätigkeit beinhaltet immer Ausgangs- und Eingangsumsätze.

### Ausgangs- und Eingangsumsätze

*Ausgangsumsätze sind solche, die das Unternehmen durch seine unternehmerische Tätigkeit nach außen erlangt. Dies geschieht im Regelfall durch Inrechnungstellung einer Lieferung oder sonstigen Leistung an den Vertragspartner, beispielsweise liefert Y an Z ein verkauftes Produkt.*

*Eingangsumsätze sind solche, die dem Unternehmen durch andere Unternehmen in Rechnung gestellt werden.*

*Unternehmerisches Handeln benötigt immer auch Lieferungen oder Leistungen von Zulieferern (Eingangsumsätze), so z. B. benötigt Y für die Lieferung an Z aber von Büromaterial, Werkzeuge, Rohstoffe, Ersatzteilen o.ä. von X.*

X ──────────▶ Y ──────────▶ Z

*Für solche Umsätze erhält das Unternehmen Y Rechnungen über Lieferungen oder Leistungen des Unternehmens X (Zulieferer), die ebenfalls Umsatzsteuer enthalten. Diese sind bei X ein Ausgangs- und bei Y ein Eingangsumsatz.*

### ... mit vollem Vorsteuerabzug

Bei den Steuerbefreiungen mit Vorsteuerabzug bleibt dem Unternehmer der volle Vorsteuerabzug erhalten. Das bedeutet, dass der Ausgangsumsatz des Y (hier Y an Z) steuerfrei ist – Y führt für diese Geschäfte also keine Umsatzsteuer ab – dennoch kann Y die gesamte Vorsteuer (also Zahlung der Umsatzsteuer von Y an X) geltend machen.

Es handelt sich insbesondere um Steuerbefreiungen von Exportumsätzen und innergemeinschaftlichen Lieferungen.

> *Steuerbefreiungen mit Vorsteuerabzug*
>
> *Eine Baustoffhändlerin F (Verkäuferin) aus Freiburg befördert eine verkaufte Palette Pflastersteine zu ihrer Abnehmerin B (Käuferin) nach Basel. Das Material hatte F für 500 Euro zzgl. 19 % USt. (95 Euro) eingekauft.*
>
> *F verkauft die Pflastersteine an B für 800 Euro ohne Inrechnungstellung von Umsatzsteuer. F hat Transportkosten von 20 Euro zzgl. 19 USt. (3,80 Euro) aufgewendet.*

> *Es handelt sich hier um eine steuerfreie Ausfuhrlieferung der F an B. Der Vorsteuerabzug ist aber bei Ausfuhrlieferungen nicht beschränkt. F erhält daher 98,80 Euro Vorsteuer erstattet.*

## … ohne Vorsteuerabzug

Die § 4 Nr. 8 ff. UStG regeln Steuerbefreiungen, für die der Vorsteuerabzug grundsätzlich ausgeschlossen ist, soweit dem Unternehmer im Einzelfall nicht ein Wahlrecht (Optionsrecht) zusteht.

Bei Steuerbefreiungen ohne Vorsteuerabzug ist der Vorsteuerabzug für Aufwendungen (Eingangsumsätze) daher ausgeschlossen, soweit sich diese Aufwendungen auf steuerbefreite Ausgangsumsätze beziehen.

Im Gegensatz zu den zuvor genannten Exportumsätzen handelt es sich bei dieser Regelung um Inlandsumsätze, deren Steuerfreistellung im Wesentlichen gesellschaftliche, soziale oder politische Gründe hat.

Als Befreiungstatbestände ohne Vorsteuerabzug ergeben sich z. B.:

| | | |
|---|---|---|
| Geld- und Kapitalumsätze | → | § 4 Nr. 8 UStG |
| Umsätze, die unter das Grunderwerbsteuer-, das Rennwett- und Lotteriesteuer- oder das Versicherungsteuergesetz fallen | → | § 4 Nr. 9, 10 UStG |
| Umsätze der Telekom und der Deutsche Post AG | → | § 4 Nr. 11a, 11b UStG |

| Vermietung und Verpachtung | → | § 4 Nr. 12 UStG |
| Heilleistungen | → | § 4 Nr. 14 UStG |
| Blindenleistungen | → | § 4 Nr. 19 UStG |
| Kulturelle Leistungen | → | § 4 Nr. 20 UStG |

Aber was bedeutet es konkret, wenn der Vorsteuerabzug ausgeschlossen ist?

### Steuerbefreiungen ohne Vorsteuerabzug

*Die Ärzte Almut, Alfred, Anna und Anton arbeiten in ihrer Gemeinschaftspraxis AAA&A in Aachen. Sie sind auf unterschiedliche Fachgebiete spezialisiert und erbringen ihre Heilleistungen am Patienten umsatzsteuerbar nach § 1 Abs. 1 Nr. 1 UStG aber umsatzsteuerfrei nach § 4 Nr. 14a UStG.*

*Bei der Renovierung ihrer Praxis wenden sie für Umbaumaßnamen und Möbel 100.000 Euro zzgl. 19 % USt., also insgesamt 119.000 Euro auf.*

*Da sie selbst ausschließlich umsatzsteuerfreie Heilleistungen anbieten, werden AAA&A die 19.000 Euro Umsatzsteuer nicht durch einen Vorsteuerabzug erstattet.*

*Würde es sich bei AAA&A aber z. B. um eine Rechtsanwaltssozietät handeln, so wären ihre Beratungsleistungen nach § 1 Absatz 1 Nr. 1 UStG als sonstige Leistung umsatzsteuerbar und umsatzsteuerpflichtig nach § 12 Abs. 1 UStG. In diesem Fall würden ihnen von der Finanzbehörde die 19.000 Euro Umsatzsteuer über den Vorsteuerabzug erstattet.*

Bei Wohnungen und Grundstücken sind Vermietungs- und Verpachtungsleistungen umsatzsteuerfrei nach § 4 Nr. 12 UStG, wenn sie vom Empfänger zu Wohnzwecken genutzt werden, nicht jedoch bei kurzfristiger Beherbergung wie z. B. bei Hotels oder Campingplätzen.

### ... mit Optionsrecht

Optionsrecht bedeutet, dass der leistende Unternehmer die Wahl hat, in gesetzlich geregelten Fällen (§ 9 UStG) auf die Steuerbefreiung nach § 4 UStG zu verzichten mit der Folge, dass die Leistung steuerpflichtig wird.

Voraussetzung für einen Verzicht auf die Steuerbefreiung ist aber, dass die steuerbaren Umsätze

• von einem Unternehmer

• im Rahmen seines Unternehmens

• an einen anderen Unternehmer

• für dessen Unternehmen

ausgeführt werden.

Zu den privilegierten Umsätzen zählen:

| Geld und Kapitalumsätze | → | § 4 Nr. 8 Buchst. a) bis g) i. V. m. § 9 Abs. 1 UStG |
| Umsätze, die unter das Grunderwerbsteuergesetz fallen | → | § 4 Nr. 9 Buchst. a) i. V. m. § 9 Abs. 1 UStG |
| Umsätze aus Vermietung und Verpachtung von Grundstücken | → | § 4 Nr. 12 i. V. m. § 9 Abs. 1 UStG |

| | | |
|---|---|---|
| Umsätze der Wohnungseigentümer an Wohnungs- und Teileigentümer | → | § 4 Nr. 13 i. V. m. § 9 Abs. 1 UStG |
| Umsätze kleiner Blindenunternehmen sowie Blindenwerkstätten | → | § 4 Nr. 19 i. V. m. § 9 Abs. 1 UStG |

Der Verzicht auf die Steuerbefreiung (also die Ausübung der Option) bewirkt, dass der ehemals steuerfreie Umsatz steuerpflichtig wird. Dadurch kann der Unternehmer die mit dem Umsatz zusammenhängenden Vorsteuern seiner Eingangsumsätze abziehen und über seinen Ausgangsumsatz eine Rechnung i. S. v. § 14 UStG ausstellen, die dem Leistungsempfänger den Vorsteuerabzug ermöglicht.

### Steuerbefreiungen mit Optionsrecht

*Einfach erklärt heißt das: Normalerweise ist aufgrund der Umsatzsteuerfreiheit auch der Vorsteuerabzug ausgeschlossen. In den o.g. besonderen Fällen kann der Unternehmer aber wahlweise (Option) auf diese Umsatzsteuerfreiheit verzichten, d. h. umsatzsteuerpflichtig werden, um dann selbst zum Vorsteuerabzug berechtigt zu sein.*

Von besonderer Bedeutung ist die Optionsmöglichkeit bei Vermietungsleistungen. Der Verzicht kann dann ausgeübt werden, wenn es sich um Vermietung an einen anderen Unternehmer handelt, der zum Vorsteuerabzug berechtigt ist. Vermieteter Wohnraum ist damit von der Option ausgeschlossen, d. h. die Wahl bezieht sich auf vermietete Geschäftsräume.

*Beispiel:*
*V vermietet ihr aus drei gleich großen Wohneinheiten bestehendes Haus. Eine Wohnung wird von einem Unternehmensberater, eine von einer Rechtsanwältin und die dritte Wohnung von einem Steuerberater jeweils als Büro genutzt.*
*Im VZ 01 erzielt V monatliche Netto-Mieteinnahmen von 1.000 Euro / Wohneinheit, mithin also 36.000 Euro pro Jahr.*
*V lässt aufgrund starker Regenfälle eine Trocknung des Kellers für 25.000 Euro (zzgl. 19 % USt. = 4.750 Euro) durchführen.*
*Berechnung ohne Ausübung der Option:*

| | |
|---|---:|
| *Umsatzsteuerfreie Mieteinnahme im VZ 01* | *36.000 Euro* |
| *abzgl. Rechnung Trocknung* | *– 29.750 Euro* |
| *Rohgewinn der V* | *6.250 Euro* |
| *Berechnung mit Ausübung der Option:* | |
| *Umsatzsteuerpflichtige Mieteinnahme im VZ 01 [36.000 + 19 % USt. (6.840)]* | *42.840 Euro* |
| *abzgl. Umsatzsteuer (an das FA abzuführen)* | *– 6.840 Euro* |
| *abzgl. Rechnung Trocknung* | *– 29.750 Euro* |
| *zzgl. 19 % Vorsteuer (wird V durch Vorsteuerabzug erstattet)* | *+ 4.750 Euro* |
| *Rohgewinn der V* | *11.000 Euro* |

Die Ausübung der Option führt also dazu, dass der Rohgewinn auf 11.000 Euro im Jahr VZ01 steigt. Dies liegt daran, dass die Vorsteuer aus der Trocknungsrechnung durch die Finanzbehörde an V erstattet wird. Die Nettomieteinnahme von V würde dann ebenfalls umsatzsteuerpflichtig (19 %). Da alle Mietparteien als Unternehmer selbst umsatzsteuerpflichtig und somit auch vorsteuerabzugsberechtigt sind, stellt die

Erhöhung der Miete um die Umsatzsteuer keinen Nachteil für die Mietparteien dar.

Eine Option, die zur Steuerpflichtigkeit von Umsätzen von zu Wohnzwecken vermieteten Wohnungen führt, ist nicht möglich.

Dient das Objekt nur teilweise für Umsätze, bei denen eine Option ausgeübt werden kann, so ermäßigt sich der Vorsteuerabzug ebenfalls anteilig. Wäre beispielsweise eine der drei Wohnungen zu Wohnzwecken vermietet, so würde sich der Vorsteuerabzug um 1/3 verringern.

Der Anteil wird über das Verhältnis des umsatzsteuerbefreiten zu den nicht umsatzsteuerbefreiten Umsätzen errechnet, ersatzweise über das Verhältnis der Anteile an der Vermietungsfläche.

## Umsatzsteuersätze

Die Umsatzsteuersätze ergeben sich aus § 12 Abs. 1 und 2 UStG sowie der zugehörigen Anlage 2 zum UStG.

Danach gibt es zwei Steuersätze, nämlich

• der allgemeine Steuersatz in Höhe von 19 % und der

• der ermäßigte Steuersatz in Höhe von 7 %.

Bemessungsgrundlage nach § 10 UStG ist jeweils das (Netto-)Entgelt des Leistungsempfängers, beim Kauf also der Kaufpreis.

Dem ermäßigten Steuersatz unterliegen u. a. Lebensmittel, Druckerzeugnisse, Kunstgegenstände, Personenbeförderung im Nahverkehr (keine Fernverkehrsbeförderung), Rollstühle,

Prothesen, Hörgeräte sowie Hotelübernachtungen. Die Anlage 2 zu § 12 UStG enthält die gesamte Liste der dem ermäßigten Steuersatz unterliegenden Gegenstände mit Angabe der Zolltarifnummern.

# Rechnungen

Ordnungsgemäße Rechnungen sind im Wirtschafts- und Steuerrecht von besonderer Bedeutung. Von ihnen hängt nicht nur die Möglichkeit der klagweisen Geltendmachung ab, sondern auch die Anerkennungsfähigkeit innerhalb der Buchführung und der Vorsteuerabzug.

Es ergaben sich in den letzten Jahren hinsichtlich der Pflichtinhalte und der Aufbewahrungsfristen von Rechnungen verschiedene Änderungen. Der aktuelle Stand stellt sich wie folgt dar:

## Pflichtinhalte

Die Pflichtangaben einer Rechnung sind im Umsatzsteuergesetz geregelt (§ 14 UStG).

### Mindestangaben einer Rechnung

✓ vollständiger Name und Anschrift des leistenden Unternehmers sowie des Leistungsempfängers
✓ Steuer- oder Umsatzsteueridentifikationsnummer des Unternehmers
✓ Ausstellungsdatum der Rechnung
✓ fortlaufende Rechnungsnummer
✓ Leistungsbeschreibung

✓ Zeitpunkt der Lieferung oder sonstigen Leistung
✓ nach Steuersätzen aufgeschlüsseltes Entgelt
✓ Steuersätze und Steuerbeträge
✓ Hinweis auf Aufbewahrungspflicht für Leistungen an Privatpersonen

Nur eine Rechnung mit diesen vollständigen und richtigen Angaben berechtigt den Rechnungsempfänger zum Vorsteuerabzug (vgl. UStAE 15.2a Abs. 1).

Die Rechnung ist in Papierform bzw. vorbehaltlich der (formfreien) Zustimmung des Empfängers in elektronischer Form (z. B. als pdf oder Textdatei) zu übermitteln. Eine per Telefax übermittelte Rechnung ist ebenfalls zulässig.

Name und Anschrift des leistenden Unternehmens und des Leistungsempfängers sind vollständig anzugeben. Dabei genügt eine Bezeichnung, unter der Leistender und Leistungsempfänger ausfindig zu machen sind, so auch ein Künstlername, ein Pseudonym, die Nummer des Postfaches oder die Firma.

## Pflichtinhalte

*Die Eheleute Katrin Katz und Manfred Maus pachten gemeinsam eine Gaststätte in Gütersloh. Die Pacht beträgt laut Vertrag 60.000 Euro zzgl. 19 % Umsatzsteuer, also 71.400 Euro / Jahr.*

*Während Katz als Regierungsrätin beim Niedersächsischen Ministerium für Inneres arbeitet, betreibt Maus alleine erfolgreich die Gaststätte.*

*Maus wird beim Vorsteuerabzug nicht die gesamte Vorsteuer aus der Pachtzahlung erstattet. Warum?*

> *Da Katz nicht Gewerbetreibende ist, entfällt auf Maus nur die Hälfte der Umsatzsteuer, so dass Maus auch nur den halben Vorsteuerabzug geltend machen kann.*
>
> *Zur Vermeidung des Verlusts des Vorsteuerabzugs sollte daher der unternehmerisch tätige Ehegatte alleine der Leistungsempfänger (in diesem Fall Mieter) sein.*

Im Gegensatz zu einfachen Geschäftsschreiben muss auf Rechnungen die Umsatzsteueridentifikationsnummer oder die Steuernummer des Ausstellers angegeben werden, wobei diese nicht um weitere Angaben, wie z.B. Betriebsfinanzamt, Länderschlüssel oder Anschrift des Finanzamtes, ergänzt werden müssen.

Name und Anschrift sowie Steuernummer dienen der Identifizierung der am Leistungsaustausch Beteiligten.

Zusätzlich zum Ausstellungsdatum ist eine einmalige Rechnungsnummer zu vergeben.

Bei der Nummerierung ist es möglich, eine oder mehrere Zahlen- oder Buchstabenreihen bzw. eine Kombination zu verwenden. Es muss aber gewährleistet sein, dass die Rechnungsnummer nur einmal vergeben wird (UStAE 14.5 Abs. 10).

Es muss aus der Rechnung die Menge und Art der Lieferung oder sonstigen Leistung, der Ausführungszeitpunkt, das nach Steuersätzen und Steuerbefreiungen aufgeschlüsselte Entgelt, der Steuersatz bzw. ein Hinweis auf eine Steuerbefreiung hervorgehen.

Durch die Leistungsbeschreibung kann der Leistungsempfänger den Bezug für sein Unternehmen nachweisen und sie dient der Finanzverwaltung zu Prüfungszwecken. Sie muss daher eindeutig und leicht nachprüfbar sein.

Die Angabe des Zeitpunktes der Lieferung oder Leistung dient bei der Erstellung der Bilanz zur Abgrenzung der einzelnen Wirtschaftsjahre.

Das Netto-Entgelt inklusive ggf. im Voraus vereinbarter Minderung(en) ist anzugeben und nach verschiedenen Steuersätzen aufzuschlüsseln. Ferner muss ein Hinweis auf evtl. zutreffende Steuerbefreiungen erfolgen. Der Umsatzsteuerbetrag ist in Euro bzw. ausländischer Währung anzugeben (Steuersatz x Nettobetrag). Ausnahmsweise reichen bei Kleinbetragsrechnungen bis zu 150 Euro sowie bei Fahrausweisen der Personenbeförderung der Bruttobetrag und der anzuwendende Steuersatz (§§ 33, 34 UStDV).

Ferner müssen Rechnungen an Privatpersonen einen aufklärenden Hinweis zur Aufbewahrungspflicht enthalten.

## Aufbewahrungsfristen

Rechnungen sind vom Unternehmer zehn Jahre lang aufzubewahren. Die Frist beginnt mit dem Schluss des Kalenderjahres, in dem die Rechnung ausgestellt worden ist. Diese Frist gilt sowohl für Eingangs- als auch für Ausgangsrechnungen (§ 14b Abs. 1 S. 1 UStG). Auf sie muss gegenüber einem Unternehmer als Vertragspartner nicht gesondert hingewiesen werden.

Rechnungen an Privatpersonen sind zwei Jahre lang aufzubewahren (§ 14b Abs. 1 S. 5 UStG).

Die Aufbewahrungsfrist beginnt mit dem Ende des Kalenderjahres, in dem die Rechnung ausgestellt worden ist, § 14b Abs. 1 Satz 3 UStG.

## Fehlerfolgen

Manchmal kommt es bei dem Steuerausweis zu Fehlern. Das kann verschiedene Ursachen haben. Beispielsweise kann eine Leistung mit 7 % statt mit 19 % Umsatzsteuer ausgewiesen sein (zu niedriger Steuersatz) oder auch umgekehrt (zu hoher Steuersatz). Ferner kann sich ein Fehler in der Berechnung des Steuerbetrags ergeben (falscher Steuerbetrag). Die Fehlerfolgen bei zu hohen oder zu niedrigen Steuerausweisen sind gravierend.

### *Fehlerfolgen*

*Unrichtiger Steuerausweis (zu hoch): Der U (Unternehmer) weist bei dem Verkauf eines Buches 19 % USt. statt 7 % USt. aus. Folge: U muss 19 % Umsatzsteuer abführen.*

*Unrichtiger Steuerausweis (zu niedrig): Der U (Unternehmer) weist bei dem Verkauf eines Bildes 7 % USt. statt 19 % USt. aus. Folge: Der Unternehmer schuldet die gesetzliche Steuer. U muss 19 % Umsatzsteuer abführen.*

*Unberechtigter Steuerausweis: Die P (Privatperson) weist bei dem privaten Verkauf eines Buches 7 % USt. aus. Folge: Als Privatperson ist P nicht berechtigt, Umsatzsteuer auszuweisen. P muss 7 % Umsatzsteuer abführen.*

Ist die Rechnung fehlerhaft, so ist der Empfänger der Leistung nicht zum Vorsteuerabzug berechtigt (§ 15 Abs. 1 Nr. 1 UStG). Eine Korrektur durch den Empfänger ist nicht möglich.

Demgegenüber schuldet aber derjenige, der die Umsatzsteuer unrichtig oder unberechtigt ausgewiesen hat, dennoch die gesamte gesetzliche oder ausgewiesene Umsatzsteuer (§ 14c Abs. 1 Satz 1 UStG).

Das bedeutet: ist der Steuerausweis zu niedrig, so schuldet er die höhere gesetzliche Umsatzsteuer, ohne sie erhalten zu haben. Ist der Steuerausweis zu hoch, so schuldet er die zu hohe ausgewiesene Umsatzsteuer. Stellt ein Nichtunternehmer eine Rechnung mit Umsatzsteuer aus, so ist diese Umsatzsteuer abzuführen (§ 14c Abs. 2 UStG).

Eine Rechnungsberichtigung durch den Aussteller ist jedoch möglich.

## Anzahlungen

Bei der Vereinnahmung von Anzahlungen entsteht die Steuer auf den Anzahlungsbetrag unabhängig von der Besteuerungsart mit Ablauf des Voranmeldungszeitraums, in dem die Anzahlung vereinnahmt worden ist, § 13 Abs. 1 Nr. 1 Buchst. a) UStG.

Rechnungen über Anzahlungen oder Vorauszahlungen müssen die allgemeinen Rechnungsanforderungen erfüllen. Als Leistungszeitpunkt ist der voraussichtliche, in der Zukunft liegende Zeitpunkt anzugeben. Bei der anschließenden Endabrechnung sind die Vorauszahlungen inklusive der darauf entfallenen Steuer abzusetzen, so dass klar erkennbar ist, über welche der erbrachten Leistungen bereits Rechnungen erfolgt sind.

Verschiedene Beispiele für die Erstellung von Endrechnungen mit der Absetzung von Abschlags- oder Vorauszahlungen finden sich in UStAE 14.8.

# Vorsteuerabzug

Um entsprechend der Zielrichtung der Umsatzsteuer als Belastung des Endverbrauchs eine Neutralität bei unternehmerischer Leistung zu erzielen, wird der Vorsteuerabzug für Unternehmen gewährt.

Der Vorsteuerabzug bewirkt, dass lediglich der Endverbrauch, nicht aber der unternehmerische Verbrauch mit Umsatzsteuer belastet wird. Dabei ist es nicht von Bedeutung, ob der Unternehmer einen Gegenstand (z. B. einen Schreibtisch oder Rohstoffe) kauft, oder aber Leistungen anderer (z. B. Handwerkertätigkeiten) für sein Unternehmen in Anspruch nimmt.

Handelt ein Unternehmer als Privatpersonen, z. B. beim Kauf von Haushaltsgegenständen, so steht ihm der Vorsteuerabzug nicht zu.

Voraussetzung zum Vorsteuerabzug nach § 15 Abs. 1 Nr. 1 UStG ist eine ordnungsgemäß ausgestellte Rechnung, die ein Unternehmer von einem anderen Unternehmer für umsatzsteuerpflichtige Vorgänge erhalten hat und bei denen es sich um Leistungen für den Unternehmensbereich des Vorsteuerabzugsberechtigten handelt.

Da das zum Vorsteuerabzug berechtigte Unternehmen seinerseits auch Leistungen für andere erbringt, die ihrerseits der Umsatzsteuer unterliegen, bedeutet dieses System konkret, dass die vom Unternehmen gezahlte Vorsteuer aus Eingangsrechnungen von der abzuführenden Umsatzsteuer aus Ausgangsrechnungen abgezogen werden kann. Es handelt sich dabei um einen Verrechnungs- bzw. Vergütungsanspruch gegen das Finanzamt.

*Voraussetzungen des Vorsteuerabzugs*

✓ Unternehmer ist vorsteuerabzugsberechtigt
✓ Leistender ist ein anderer Unternehmer
✓ Umsatz erfolgte für das Unternehmen
✓ Steuer ist gesetzlich geschuldet
✓ Ordnungsgemäße Rechnung

Der Vorsteuerabzug ist auch dann möglich, wenn das Unternehmen – etwa weil es gerade erst gegründet wurde – noch keine Ausgangsumsätze vorweisen kann.

Der Steuerpflichtige muss lediglich die Echtheit der Herkunft der Rechnung gewährleisten können, z.B. indem er einen verlässlichen nachprüfbaren Kontrollweg zwischen Leistung und Rechnung sicherstellen kann. Echtheit bedeutet insoweit die Klarheit über die Identität des Rechnungsausstellers, die Unversehrtheit und die Lesbarkeit der Rechnung.

Bei Anzahlungen bzw. Vorauszahlungen kann der Vorsteuerabzug auch bereits vor Erbringung der Leistung geltend gemacht werden, wenn der Leistungsempfänger in Besitz einer Rechnung mit ausgewiesener Umsatzsteuer ist und bereits eine Zahlung erbracht hat.

# Voranmeldungszeitraum

Jedes Unternehmen hat in regelmäßigen Abständen vor Ablauf des Jahres die Umsätze anzumelden und die Vorauszahlung der Umsatzsteuer selbst zu berechnen. Dieser Voranmeldungszeitraum ist je nach Umsatz gestaffelt (§ 18 UStG). Nach Abschluss des Wirtschaftsjahres erfolgt die Umsatzsteuererklärung, bei der die Vorauszahlungen berücksichtigt werden.

## *Voranmeldungszeitraum*

| Umsatzsteuer im vorangegangenen KJ | |
|---|---|
| bis 1.000 Euro | Verzicht auf Voranmeldung |
| mehr als 1.000 Euro bis 7.500 Euro | Kalendervierteljahr |
| mehr als 7.500 Euro | Kalendermonat |

| Betriebseröffnung | |
|---|---|
| im laufenden und kommenden KJ | Kalendermonat |

Der Voranmeldungszeitraum ist das Kalendervierteljahr (Quartal), bei Umsatzsteuer von mehr als 7.500 Euro ist der Voranmeldungszeitraum der Kalendermonat. Die Voranmeldung ist vom Unternehmer bis zum 10 Tag des Ablaufs des Voranmeldungszeitraums elektronisch zu übermitteln, d. h. bei Quartalsvoranmeldung spätestens am 10. April für den Voranmeldungszeitraum Januar bis März.

Bei Umsatzsteuer bis einschließlich 1.000 Euro wird auf die Abgabe der Umsatzsteuervoranmeldung verzichtet. Bei Betriebsgründung ist die Umsatzsteuervoranmeldung im laufenden und folgenden Kalenderjahr zunächst monatlich abzugeben.

# Ist- und Soll-Besteuerung

Die Steuer entsteht im Regelfall nach vereinbarten Entgelten (Soll-Besteuerung), ausnahmsweise nach vereinnahmten Entgelten (Ist-Besteuerung). In manchen Fällen (Kleinunternehmerregelung) wird die Umsatzsteuer nicht erhoben.

## Ist- und Soll-Besteuerung

| | | |
|---|---|---|
| Besteuerung nach vereinbarten Entgelten (Soll-Besteuerung) | → | § 16 Abs. 1 S. 1 UStG |
| Besteuerung nach vereinnahmten Entgelten (Ist-Besteuerung) | „ | § 20 Abs. 1 S. 1 UStG |

Die sogenannte Soll-Besteuerung ist die Ermittlung der Umsatzsteuer auf der Basis der zwischen den Leistungspartnern vereinbarten Entgelte (§ 16 Abs. 1 S. 1 UStG). Dabei entsteht die Umsatzsteuer mit Ablauf des Besteuerungszeitraums, in dem die Leistung erbracht wurde und unabhängig von der Rechnungstellung oder Bezahlung (§ 13 Abs. 1 Buchst. a) UStG).

### Entstehung der Steuer

*Das Elektrounternehmen Drahtheiß-GmbH (Voranmeldungszeitraum: monatlich) stattet ein Mehrfamilienhaus in München mit Elektroinstallationen aus. Die Leistungen werden im Januar des KJ 01 erbracht, die Rechnung über 70.000 Euro zzgl. 19 % USt. wird im März des KJ 01 gestellt und von der Eigentümerin des Hauses im Juli des KJ 01 beglichen.*

*Wann entsteht die Umsatzsteuer? Die Umsatzsteuer für diesen Umsatz entsteht mit Ablauf des Monats der Leistungserbringung, also mit Ablauf des 31.01.01.*

Sofern allerdings vor Leistungserbringung bereits Vorauszahlungen geleistet wurden, entsteht die Steuer mit Ablauf des Zeitraums, in dem das Entgelt vereinnahmt wurde (Mindest-Ist-Besteuerung – § 13 Abs. 1 Nr. 1 Buchst. a) Satz 4 UStG).

Die Umsatzsteuerlast wird um die abziehbare Vorsteuer gekürzt (§ 16 Abs. 2 UStG). Erhöhungen oder Minderungen der Bemessungsgrundlage, die sich z. B. aus Boni, Rabatten, Gutscheinen, Rückvergütungen, Zinsen etc. ergeben, sind vom Unternehmer sowohl bei der Umsatzsteuer als auch bei der Vorsteuer zu berichtigen (§ 17 Abs. 1 Satz 1 und Satz 2 UStG). Dies gilt auch für Forderungen, die z. B. wegen Insolvenz des Vertragspartners nicht mehr einbringlich sind.

Die sog. Ist-Besteuerung ist die Ermittlung der Umsatzsteuer auf der Basis der vereinnahmten Entgelte (§ 20 Abs. 1 S. 1 UStG). Dabei entsteht die Umsatzsteuer mit Ablauf des Besteuerungszeitraums (Voranmeldungszeitraums), in dem das Entgelt beim Unternehmer eingegangen ist, § 13 Abs. 1 Nr. 1 Buchst. b) UStG, d. h. in dem die Zahlung erfolgt ist.

Die Ist-Besteuerung kann auf Antrag des Unternehmers erfolgen (§ 20 UStG), wenn das Unternehmen

• einen Gesamtumsatz im vorangegangenen Kalenderjahr von nicht mehr als 500.000 Euro hatte, oder

• keine Buchführungspflicht besteht, oder

• für Umsätze aus freiberuflicher Tätigkeit

Für Unternehmen, die Ihren Gewinn mittels Betriebsvermögensvergleich ermitteln (§ 4 Abs. 1 EStG) ist wegen der umsatzsteuerrechtlichen Anknüpfung an die Buchführung die Soll-Besteuerung maßgeblich, Einnahmenüberschussrechner (§ 4 Abs. 3 EStG) nutzen häufig die Ist-Besteuerung.

Im Ergebnis führen Soll- und Ist-Besteuerung zu einer gleich hohen Bemessungsgrundlage, es wird immer das tatsächlich erhaltene Entgelt besteuert. Dies wird erreicht, indem bei der Soll-Versteuerung die Umsatzsteuer bei nicht einbringlichen Forderungen wieder korrigiert werden kann.

# Kleinunternehmerregelung

Kleinunternehmerinnen und Kleinunternehmer unterliegen einer besonderen umsatzsteuerlichen Regelung (§ 19 UStG). Es handelt sich dabei um solche Unternehmer, deren Umsätze

- im vorangegangenen Kalenderjahr die Höhe von 17.500 Euro nicht überstiegen haben und

- im laufenden Kalenderjahr voraussichtlich die Höhe von 50.000 Euro nicht übersteigen werden.

Sofern beide Voraussetzungen zusammen vorliegen, wird auf Antrag auf die Erhebung der Umsatzsteuer verzichtet.

Es handelt sich um eine Wahl- und Beantragungsmöglichkeit und keine Verpflichtung. Ein Kleinunternehmer stellt sodann keine Umsatzsteuer in Rechnung, mithin werden seine Leistungen für den Endverbraucher preiswerter und er erhält dadurch einen Wettbewerbsvorteil.

Aufgrund der Nichterhebung der Umsatzsteuer ist der Kleinunternehmer vom Vorsteuerabzug ausgeschlossen.

Auf der Rechnung muss ein Hinweis vermerkt sein, dass der Rechnungssteller die Kleinunternehmerregelung anwendet.

Bei der Beantragung der Kleinunternehmerregelung sind daher die steuerrechtlichen und allgemeinen wirtschaftlichen Vor- und Nachteile sorgfältig abzuwägen. Unternehmen, die hohe Investitionskosten tragen, haben hohe Vorsteuerbeträge, so dass die Option zur Kleinunternehmerregelung eher nicht empfehlenswert ist. Ferner ist zu berücksichtigen, dass im unternehmerischen Kontext die gesetzlichen Jahresumsatzgrenzen der Kleinunternehmerregelung als bekannt gelten dürften. Dies könnte somit möglicherweise Einfluss auf die allgemeinen wirtschaftlichen Geschäftschancen und die Kreditwürdigkeit haben.

# Erbschaft und Schenkung

Charakteristisch für die Erbschaft- und Schenkungsteuer ist die Besteuerung von Vermögenszuwächsen. Bemängelt wird an ihr vor allem, dass sie zu einer Doppelbesteuerung führt, weil sie auf bereits versteuertes Vermögen zugreift und zudem Unternehmensvermögen bevorzugt wird. Kritisiert wird ferner, dass sie die Testierfreiheit des Erblassers beeinträchtige und aufgrund der Gestaltungsmöglichkeiten keine gleichmäßige Belastung aller spiegele.

Darüber hinaus werde auch keine Rücksicht auf die sonstige Vermögenssituation des Erwerbers genommen.

Der Erbschaftsteuer unterliegen Erwerbe von Todes wegen. Erwerb von Todes wegen ist z. B. der Erwerb durch Erbanfall, Vermächtnis, Pflichtteil oder Schenkung auf den Todesfall. Der Erbschaftsteuer unterliegen aber auch die Schenkungen unter Lebenden – es handelt sich dann begrifflich um die Schenkungsteuer. Gesetzessystematisch ist die Schenkungsteuer lediglich eine Unterart der Erbschaftsteuer, im Kern geht es in beiden Fällen um unentgeltliche Zuwendungen. Der Unterschied ist lediglich der Zeitpunkt der Vermögensübertragung. Beide Arten sind in demselben Gesetz geregelt, dem Erbschaft- und Schenkungsteuergesetz, kurz ErbStG.

## Erbschaft- und Schenkungsteuergesetz

Im Erbschaft- und Schenkungsteuergesetz wird einheitlich der Begriff „Erwerb" benutzt. Er bedeutet jeder Vermögenszuwachs, sei es durch einen Erbfall oder auch durch eine Schenkung.

Erbschaft- und Schenkungsteuer haben zudem einen sehr engen Bezug zum Familien- und Erbrecht. So kommt es bei zahlreichen Regelungen darauf an, ob die beteiligten Personen familiär verbunden sind und auch der familienrechtliche Güterstand der Eheleute ist von Bedeutung.

Es richtet sich im Wesentlichen nach dem gesetzlichen Erbrecht mit einigen familienrechtlichen und steuerrechtlichen Besonderheiten.

## Erbschaft und Zugewinn

Im gesetzlichen Güterstand der Zugewinngemeinschaft bleiben die Vermögen der Eheleute und Lebenspartner während der Ehe bzw. Lebenspartnerschaft getrennt und werden erst am Ende durch den Ausgleich des hälftigen erzielten Zugewinns ausgeglichen. Zugewinn ist dabei der Unterschied des Anfangsvermögens zum Endvermögen der Partner. Bei einer Scheidung wird der Zugewinn konkret berechnet, im Todesfall kann sich der bzw. die überlebende Person zwischen einer konkreten Berechnung und einer pauschalen Erhöhung des Erbteils entscheiden.

Der Zugewinnausgleich ist grundsätzlich erbschaftsteuerfrei unabhängig davon, ob die Partnerschaft durch Scheidung oder Tod beendet wird. Der Zugewinnausgleich unterliegt auch nicht der Einkommensteuer.

Sofern der Zugewinnausgleich im Todesfall nicht konkret berechnet wird, und keine anderweitige Regelung zu Lebzeiten getroffen wurde, sieht das Gesetz eine pauschale Erhöhung des Erbteils des überlebenden Ehepartners in Höhe von 1/4 des gesetzlichen Erbanspruchs vor. Statt der pauschalen Erhöhung kann aber auch der Zugewinnausgleich individuell berechnet werden.

## Zugewinnausgleich und Erbschaft

*Angela Arends und Boris Behrens sind verheiratet und leben im gesetzlichen Güterstand der Zugewinngemeinschaft. Sie haben zwei gemeinsame Kinder: Christa und Daniel. Angela verstirbt und hinterlässt ein Vermögen (z. B. Bargeld, Aktien, Immobilien) von 3 Mio. Euro, darin enthalten ist ein ehelicher Zugewinnausgleichsanspruch zugunsten von Boris in Höhe von 2 Mio. Euro.*

*Variante 1: Das gesetzliche Ehegattenerbrecht sieht für Boris 1/4 der Erbschaft sowie 1/4 als pauschalen Zugewinnausgleich vor, also 1/2 von Angelas Gesamtvermögens, d. h. 1,5 Mio. Euro gesamt. Steuerfreier pauschaler Zugewinnausgleich wäre in diesem Fall 750.000 Euro (1/4 von 3 Mio.), Die anderen 750.000 Euro wären erbschaftsteuerpflichtig.*

*Variante 2: Boris könnte sich aber auch für den konkreten Zugewinnausgleich entscheiden und würde sodann die oben genannten 2 Mio. Euro als steuerfreien Zugewinnausgleich erhalten und von dem Rest (1 Mio.) 1/4, d. h. 250.000 Euro, erben, in Summe also 2,25 Mio. Euro.*

*Erkennbar ist an dem Beispiel, dass Boris in der zweiten Variante einen größeren Gesamtvermögenszuwachs hat, während gleichzeitig der erbschaftsteuerpflichtige Teil geringer als bei der ersten Variante ist. Gerade bei hohem Zugewinn zu Lebzeiten ist daher eine genaue Betrachtung der steuerlichen Konsequenzen im Erbfalle ratsam.*

# Steuerklassen und Freibeträge

Das Gesetz sieht in Erb- und Schenkungsfällen verschiedene Freibeträge und Steuersätze vor, die je nach dem Grad der familiären Nähe variieren.

Um die Freibeträge und die Steuersätze näher zu bestimmten, gibt es eine Kategorisierung der Vermögensempfänger in Steuerklassen.

Zur Steuerklasse I gehören:

1. Ehe- und LebenspartnerIn

2. Kinder und Stiefkinder

3. Enkel

4. Eltern und Großeltern in Erbfällen

Zur Steuerklasse II gehören:

1. Eltern und Großeltern in Schenkungsfällen

2. Geschwister

3. Nichten und Neffen

4. Stiefeltern

5. Schwiegerkinder

6. Schwiegereltern

7. geschiedene Ehegatte und der Lebenspartner einer auf-
   gehobenen Lebenspartnerschaft

Andere Personen (Dritte) unterliegen den Steuersätzen der Steuerklasse III.

Hinsichtlich der Freibeträge ist die folgende Liste maßgeblich:

| Personengruppe | Steuerklasse | Freibetrag in Euro |
|---|---|---|
| Ehe- und LebenspartnerIn | I | 500.000 |
| Kinder, Stiefkinder, Kinder verstorbener Kinder | I | 400.000 |
| Enkelkinder und Kinder der Stiefkinder | I | 200.000 |
| Eltern, Großeltern (im Erbfall) | I | 100.000 |
| Personen der Steuerklasse II | II | 20.000 |
| Übrige Erwerbende | III | 20.000 |

So haben Ehe- und Lebenspartner untereinander jeweils einen Freibetrag von 500.000 Euro, jedes Kind zu jedem Elternteil einen freien Betrag von 400.000 Euro (für beide Eltern zusammen also 800.000 Euro). Diese Grenzen gelten für Erbschaften und auch für Schenkungen.

Erben Enkelkinder von einem Großelternteil, so haben sie einen Freibetrag von 200.000, erben die Eltern von ihrem Kind, so beträgt der Freibetrag lediglich 100.000 Euro. Bei Schenkungen von Kindern an ihre Eltern oder Großeltern haben diese jeweils nur einen Freibetrag von 20.000 Euro. Dritte, nicht familiär verbundene Personen haben ebenfalls einen Freibetrag von 20.000 Euro bei Erbschaften und Schenkungen.

Bei Vermögenserwerben von derselben Person (Schenkungen und Erbfall) kann der Freibetrag nur alle 10 Jahre in Anspruch genommen werden. Innerhalb des 10-Jahreszeitraums können aber auch nacheinander mehrere Erwerbe steuerfrei erfolgen, solange sie den Betrag nicht überschreiten.

Insoweit wird teilweise dazu angeraten, große Vermögen in Zehnjahreszyklen auf die nächste Generation zu übertragen.

> ### *Freibetrag*
>
> *Die Eltern Angela und Boris schenken den Kindern Christa und Daniel innerhalb von 10 Jahren ein Vermögen mit einem steuerpflichtigen Wert von 1,4 Mio. Euro, wobei jedes Elternteil jedem Kind 350.000 Euro überträgt.*
>
> *Der Vorgang ist schenkungsteuerfrei, da der Freibetrag von 400.000 Euro pro Elternteil nicht überschritten ist.*

Dem überlebenden Ehe-/Lebenspartner kann eventuell neben dem oben genannten Freibetrag noch ein besonderer Versorgungsfreibetrag in Höhe von 256.000 Euro gewährt werden. Kindern kann bis zur Vollendung des 27. Lebensjahres ebenfalls ein nach dem Alter des Kindes gestaffelter Versorgungsfreibetrag von 10.300 Euro bis maximal 52.000 Euro zustehen. Eine genaue Prüfung ist daher auch hier empfehlenswert.

## Sonstige Steuerbefreiungen

Weitere Steuerbefreiungen sieht das Gesetz aus anderen, sachlichen Gründen für den engen Familienkreis vor:

1. *Hausrat* (z. B. Möbel, Fernseher, Kleidung, Bücher, Notebook, Videokamera) bleibt bis zu 41.000 Euro,

2. *andere Gegenstände* (z. B. Schmuck, Sportgegenstände, Reitpferde, Kraftfahrzeuge, evtl. Kunstgegenstände) sind in Höhe von bis zu 12.000 Euro

pro Erwerber steuerfrei, zusammen also 53.000 Euro.

Besteht beispielsweise die Erbengemeinschaft aus drei Personen, so verdreifachen sich auch die Freibetragswerte. In manchen Konstellationen allerdings, so z. B. bei weiterem Verwandtschaftsverhältnis oder in manchen Schenkungsfällen, ist der Freibetrag auf insgesamt 12.000 Euro pro begünstigter Person beschränkt.

### Sonstige Steuerbefreiungen

Teilweise ist es nicht eindeutig, ob ein Gegenstand zum „Hausrat" oder zu den „anderen körperlichen Gegenständen" zählt. Bei der Argumentation gegenüber der Finanzbehörde kommt es dann besonders auf eine überzeugende Darlegung an, ob der Gegenstand als Hausrat für die Wohnung und das Zusammenleben benutzt wurde (z. B. Familienauto) oder überwiegend der verstorbenen Person als anderer körperlicher Gegenstand persönlich zugutekam (z. B. Sportwagen). Hier ist eine sorgfältige Überprüfung zur optimalen Ausnutzung beider Freibeträge empfehlenswert.

Der sogenannte *Dreißigste* bezeichnet den Anspruch der Familienangehörigen des Erblassers gegen den oder die Erben auf Weitergewährung von Unterhalt und Nutzung der Erblasser-Wohnung für die ersten 30 Tage nach dem Tode des Erblassers.

Der oder die Erben können die entsprechende Vermächt-
nislast für die Mietzahlung und den Unterhalt von ihrem zu
versteuernden Vermögenserwerb abziehen, bei den Familienangehörigen ist dieser Betrag steuerfrei.

## Steuersätze

Die Erbschaft- und Schenkungsteuersätze sind abhängig
vom Umfang des Vermögens und von der Nähe des Ver-
wandtschaftsverhältnisses.

Dabei ist der Erwerb erst dann steuerpflichtig, wenn alle persönlichen und sachlichen Freibeträge bereits abgezogen sind.

Handelt es ich bei den Erben z. B. um Kinder oder Eltern oder
Ehe-/Lebenspartner, so die Steuersätze der Steuerklasse I
maßgeblich. Entsteht der Erwerb z. B. aufgrund einer Schenkung an die Eltern oder Großeltern, so ist die Steuersätze der
Steuerklasse II anzuwenden.

| Wert des steuerpflichtigen Erwerbs bis einschließlich | Prozentsatz in der Steuerklasse | | |
|---|---|---|---|
| | I | II | III |
| 75 000 Euro | 7 | 15 | 30 |
| 300 000 Euro | 11 | 20 | 30 |
| 600 000 Euro | 15 | 25 | 30 |
| 6 000 000 Euro | 19 | 30 | 30 |
| 13 000 000 Euro | 23 | 35 | 50 |
| 26 000 000 Euro | 27 | 40 | 50 |
| über 26 000 000 Euro | 30 | 43 | 50 |

Durch die niedrigen Steuersätze von 7 % bis 30 % auf den steuerpflichtigen Erwerb wird der enge Familienkreis in Erb- und Schenkungsfällen deutlich begünstigt. Dritte, also Nicht-familienangehörige, zahlen hingegen bis zu 50 % Erbschaft- und Schenkungsteuer.

### Steuerklassen und Steuersätze

*Die Nichte Nadine beerbt ihren Onkel Boris. Der Wert des steuerpflichtigen Erwerbs beträgt 920.000 Euro. Ihr Freibetrag nach Steuerklasse II beträgt 20.000 Euro, so dass sie 900.000 Euro zu versteuern hat.*

*Ihr Steuersatz beträgt 25 %, mithin hat sie 225.000 Euro Steuern zu zahlen.*

# Lebensgemeinschaften

Für nichtehelichen Lebensgemeinschaften, seien es nicht verheiratete oder nicht verpartnerte Paare gelten Besonderheiten.

## Kein Splittingtarif

Die nichteheliche Lebensgemeinschaft begründet nach Auffassung der Rechtsprechung keine Rechtsgemeinschaft. Die Anwendung des einkommensteuerrechtlichen Splittingtarifs wie bei Eheleuten und Lebenspartnern kommt daher bei nichtehelichen oder nichtverpartnerten Lebensgemeinschaften nicht in Betracht. Selbst die gemeinsame Kindererziehung ist kein Grund für den Anspruch auf den Splittingtarif.

## Verträge und Steuerrecht

Der sogenannte Fremdvergleichsgrundsatz, der die steuerliche Anerkennungsfähigkeit von Verträgen mit nahen Angehörigen maßgeblich beeinflusst, ist auf Lebensgemeinschaften in dieser Form nicht anwendbar. Dennoch verläuft auch bei Verträgen zwischen Partnern einer nichtehelichen Lebensgemeinschaft die steuerliche Anerkennung oft nicht ohne Probleme. So hat etwa die Rechtsprechung Mietverträge von Beteiligten einer Lebensgemeinschaft nicht anerkannt, wenn das vertraglich vereinbarte Mitbenutzungsrecht die gesamte Wohnung und nicht nur einzelne Zimmer beinhaltete. Insoweit wird auch hier eine besondere Sorgsamkeit bei Verträgen innerhalb einer Lebensgemeinschaft angeraten.

## Erbschaft- und Schenkungsteuer

Besonders stark treffen die Partner einer nichtehelichen Lebensgemeinschaft die Regelungen des Erbschaft- und Schenkungsteuerrechts. Sie werden im Rahmen der Erbschaftsteuer wie fremde Dritte behandelt.

Dies bedeutet auch, dass die Person keinerlei gesetzliches Erbrecht hat und insoweit nicht erbschaftsteuerrechtlich durch einen Freibetrag oder besondere Steuersätze bedacht wird.

Aufgrund der Testierfreiheit ist es aber möglich, die Person im Rahmen eines Testamentes oder eines Erbvertrags z. B. als Alleinerbin einzusetzen. Sofern allerdings dadurch Pflichtteilsberechtigte, d. h. Kinder, Eltern oder Ehegatten von der Erbfolge ausgeschlossen sind, haben sie einen Pflichtteilsanspruch gegen die/den Erben. Der Pflichtteilsanspruch beträgt die Hälfte des gesetzlich vorgesehenen Erbteils.

Der nichteheliche Lebenspartner gehört wie jeder Dritte zu den „übrigen Erwerbern" und mithin in die Steuerklasse III. Dies bedeutet, dass nichtehelichen Lebenspartnern in Schenkungs- und Erbfällen lediglich ein Freibetrag von 20.000 Euro zusteht und der Steuersatz bei 30 % bzw. 50 % des steuerpflichtigen Erwerbs liegt.

# Abkürzungsverzeichnis

| | |
|---|---|
| GrStG | Grundsteuergesetz |
| GWG | Geringwertige Wirtschaftsgüter |
| HGB | Handelsgesetzbuch |
| i.S.d. | im Sinne des |
| KG | Kommanditgesellschaft |
| KJ | Kalenderjahr |
| KStG | Körperschaftsteuergesetz |
| LPart | Lebenspartner |
| ND | Nutzungsdauer |
| Nr. | Nummer |
| o.g. | oben genannte |
| OHG | Offene Handelsgesellschaft |
| RW | Restwert |
| S. | Satz, Seite |
| U1 | Entgeltfortzahlungsversicherung bei Krankheit |
| U2 | Entgeltfortzahlungsversicherung bei Mutterschaft |
| USt | Umsatzsteuer |
| UStAE | Umsatzsteueranwendungserlass |
| UStG | Umsatzsteuergesetz |
| VAZ | Veranlagungszeitraum |
| WJ | Wirtschaftsjahr |
| z.B. | zum Beispiel |
| zzgl. | zuzüglich |

# Sachverzeichnis

Impressum:
Verlag C. H. Beck im Internet: www.beck.de
ISBN: 978-3-406-71472-6
© 2017 Verlag C. H. Beck oHG
Wilhelmstraße 9, 80801 München
Satz: Fotosatz Buck, 84036 Kumhausen
Druck und Bindung: Beltz Bad Langensalza GmbH
Neustädter Str. 1–4, 99947 Bad Langensalza
Umschlaggestaltung: Ralph Zimmermann – Bureau Parapluie
Umschlagbild: © momius-fotolia.com
Gedruckt auf säurefreiem, alterungsbeständigem Papier
(hergestellt aus chlorfrei gebleichtem Zellstoff)